EBS 30일 인문학

처음 하는 심리학 공부

EBS 30일 인문학

처음 하는 심리학 공부

윤주연 지음

EBS BOOKS

우리다움이란 무엇인가?

최근 본 영화에서 사람과 똑 닮은 인공지능AI 로봇이 물었다. "나는 도대체 어떤 존재죠? 내가 느끼는 이 혼란한 감정은 무엇이죠? 나는 당신에게 이해될 수 없는 존재인가요?" 현재 우리 주위에서 일어나는 기술의 발전 속도를 보면 실제로 AI에게 그런 질문을 받게 될 날이 머지않은 듯하다. 그리고 그런 순간이 오건 안 오건 그보다 더 우선인 것은 똑같은 질문에 대해 우리 자신은 스스로 답할 수 있는가일 것이다. '나는 어떤 사람인가? 나는 내 감정에 대해 확실히 이해할 수 있는가? 나는 내 선택들에 대해 다 설명할 수 있는가? 나는 왜 늘 같은 것에서 멈추어 서고, 같은 것을 선택하는 것일까?' 우리는 누구나 '나라는 사람'에 대해 질문하고 부딪힐 때가 있다.

요즘은 옳은 것, 그른 것이라는 가치를 비롯해 무언가를 쉽게 판단하는 것 자체가 온통 조심스럽다. 무엇에 대한 정의라는 것조차 너무 많아 헤아리기 힘들 정도다. 정의란 그냥 각자의 입장 차이 아닌가 싶기도 하다. 수많은 주장들을 인정하기도 수렴하기도 참 어렵다 보니 자기 자신의 정체성 또한 혼란스러울 지경이다. '정체성이란 무엇인가? 그리고 정체성은 타고나는 것인가 형성되는 것인가?'라는 질문에 대해 에릭 에릭슨Erik Erikson(1902~994)이나 에리히 프롬Erich Fromm(1900~1980)을 위시한 현대 심리학자들은 개인의 정체성이란 대상들과의 관계를 통해, 다양한 경험을 통해 찾아 세워지는 자신다움이라고 말한다. 언뜻 쉬운 듯 들리지만 참 어렵다. 누구를 통해 어디서부터 어떻게 찾아가야 할까?

19세기 오스트리아의 철학자 프란츠 브렌타노Franz Brentano(1838~1917)는 저서 《경험적 관점으로부터의 심리학Psychologie vom empirischen Standpunkt》에서 "모든 정신 현상은 그 의도를 가지고 있다"는 말로 사람들에게는 그 선택과 판단에 있어 각 사람을 익숙한 방향으로 이끄는 힘, 의지가 있으며 이를 '존재의 지향성'이라고 설명했다. 그 지향성은 늘 비슷한 방향으로 우리 선택을 이끌어 결국 한 개인의 특성으로의 삶을 구성해낸다는 것이다.

삶 속에서 우리를 이끄는 지향성이 만들어낸 지각 '패턴'을 우리는 지금 어렴풋이 알 수도 있고, 어쩌면 전혀 모를 수도 있다. 그런데 자신의 '패턴'을 읽을 수 있어야 비로소 우리는 인생에서 가장 중요한 대상에게 질문을 할 수 있다. 그 대상은 바로 '자기 자신'이다. 너가 아니고 세상이 아니고 '나'라는 대상에 대해 질문하는 순간 우리는 한 단어를 내 안에 담을 수 있다. 통찰洞察은 '나'라는 존재, '자기 자신'과의 관계 맺음에서 비롯되어왔으며 자신의 고유한 정체성에 대해 질문하고 받아들이고 깨닫는 그 자체나 다름없다. 그 통찰의 지점으로 나아갈 수 있는 '나는 도대체 왜?'라는 질문은 우리를 한없는 무기력 속에 가두기도 하지만 그 속에서 읽어낸 패턴이 있다면 어떤 상황에서 '절대 하지 말았어야 하는 자신에게 안 맞는 선택들'과 '지친 나를 더 지치게 하는 환경들'을 알아차릴 수 있다. 이것만으로도 이미 이전보다 더 자신의 본질에 다가가게 된다.

자신을 알아간다는 것은 자신이 할 수 없는 것을 인정하고 가식 없이 솔직해진 자신을 마주하는 일이며 나를 충전해주는 대상들에게 진심으로 감사하게 되는 온기를 회복하는 것이다. 그리고 내가 할 수 없는 것들을 해내고 있는 다른 대상들을 온전히 존중함으로써 그들과 건강한 관계를 맺는 시작이 된다. 즉 나를 찾아야 세상이 열린다. 이 글은 자신을 향해 질문을 던지는 중요한 과도기에 서 있는 사람들에게 우리 마음의 작동이 어떻게 형성되고 있는지 안내해준 사람들의 이야기다. 인간의 마음에 주목해온 사람들의 다양한 이야기를 종합해 여러분의 마음을 여러 차원에서 들여다보기 바란다. 자신에게 해당하는 설명, 머리가 끄덕여지는 내용을 따라 여러분 자신의 마음을 이해할 수 있는 계기가 되기를 바란다.

차례

PSY CHOL OGY
1
2

1일

오늘의 키워드
정서

정서란 무엇인가?

마음의 기원

#심리학 #정서 #악의_마음을_읽는_자들 #에크만 #6대_기본_정서

최근 내 시선을 사로잡은 드라마가 있는데 바로 〈악의 마음을 읽는 자들〉이다. 주 내용은 우리나라에서 범죄행동을 전문적으로 분석하는 '프로파일러'가 태동하고 현재에 이른 과정이다.

국내에 프로파일러가 전무하던 시절 프로파일링의 중요성을 알리는 주인공들이 현장의 수사관들에게 매번 무시와 따돌림을 당하면서도 범죄자들을 만나 대화하며 처음으로 범죄자들의 특성을 기록해 자료화하는 과정을 당시의 시선으로 따라가다 보면 우리나라의 초창기 프로파일러들에 대한 존경심이 절로 우러난다. 극중 프로파일러들이 당시 범죄분석에 적용하는 기법들은 우리나라보다 훨씬 앞서 프로파일링이 전문 수사기법으로 자리 잡은 외국의 분석사례들을 기반으로 한 분석인데, 흥미로운 것은 현장의 형사들이 폭행이냐 강도냐 등 범죄의 종류와 피해 규모에 주목하는 데 비해 분석팀은 범죄의 패턴과 범죄 동기에 기저하는 정서에 주목한다는 것이다.

극 중에서 비슷한 시기에 일어난 연쇄범죄를 수사팀에서는 피해 양상에 근거해 동일한 자의 범행으로 확신하지만, 주인공은 범죄에서 각각 다른 정서가 느껴진다는 이유로 사건들이 동일범의 소행이 아니라고 주장한다. 그리고 자신의 주장을 증명하기 위해 주인공은 감옥 안에 있는 기존 흉악범들을 찾아다니며 그들에게서 정서와 범죄 사이의 연결점들을 찾아 정리하느라 고군분투한다.

정서를 언급하면서 드라마를 예로 드는 이유는 바로 우리 삶의 가장 중요한 순간에 어떤 결정들의 이유가 정서에 기반하기 때문이다. 그리고 드라마가 바로 '정서'의 중요한 특성을 담고 있기 때문이다. 우리가 흔히 정서, 감정, 감성이라고 표현하는 단어들은 영어에서도 역시 emotion, feeling, affective 등 문장 안에서 비슷비슷한 맥락으로 혼재되어 쓰인다. 그런데 심리학에서는 정서를 감정보다 더 근원적인 틀로 종종 구분해 쓴다. 정서는 기쁨, 슬픔, 미움 등의 감정으로도 표현되지만 그 감정의 근원 자체이기도 하다. 즉 흥분의 정서에서 기쁨, 놀람, 즐거움과 같은 긍정의 감정이 발현되기도 하고 불안이라는 정서에서 경악, 공포, 분노, 슬픔 같은 부정의 감정이 나타난다면 정서는 1차적 배경으로도 2차적인 감정으로도 규정될 수 있다.

촉발된 배경에 의해 나타난 감정이 집단 전반의 특징이 되면 그것을 집단정서, 세대정서, 민족정서라고 부르기도 한다. 이렇듯 정서의 표현이 어떤 집단이나 세대 등에서 상이한 특질이 되기도 하는데, 그래서 어느 지역의 구성원에게는 있고 어느 지역에서는 못 느끼는 정서도 있다(예를 들어 우리 민족의 집단정서를 반영하는 표현 중 '한의 정서', '정에 약한 정서' 등). 이에 전 세계적으로 공통으로 인정하는 필수 정서를 얼굴 표정으로 확인이 가능한 범주로 묶어 기본 정서라 말하는데, 인간의 인식으로 충분히 구분되는 정서들을 미국의 심리학자 폴 에크만Paul Ekman은 분노, 혐오, 행복, 슬픔, 놀람, 공포의 6대 기본 정서로 구분했다. 6대 정서 이외의 질투, 미움, 사랑, 좌절 등의 감정들은 문화권마다 표현이 다르기도 해서 2차 정서 혹은 혼합 정서라 칭하기도 한다. 예전에 읽었던 논문 중에 독일인들은 집단 내에서 구성원이 집단과 다른 행동을 하면 분노의 감정을 드러내고 영국인들은 당혹스러워한다는 표정 연구 논문이 있었는데, 같은 실험을 지금 우리나라에서 하면 어떤 결과가 나올지 새삼 궁금해진다.

이렇게 정서를 여러 각도에서 규명하고자 노력해온 이유는 그동

안 우리는 정서를 이해하는 방식으로 인간을 규정해왔기 때문이다. 중세 신학의 억압에서 인간의 욕망을 구해냈다고 평가받는 철학자 스피노자Baruch de Spinoza(1632~1677)는 인간의 순수한 감정을 기쁨과 슬픔 두 가지로만 보았다. 사랑이란 외적 원인의 관념을 수반하는 기쁨이고, 증오란 외적 원인의 관념을 수반하는 슬픔이며, 그외의 질투나 열정, 우울 등의 감정들 역시 기쁨과 슬픔이 정념에 의해 수동적으로 변용된 상태라고 설명한다. 변용이란 순수한 코나투스(생명이 자연적인 본성에 충만한 상태)에서 벗어난 상태이기에 그런 상태의 사람은 병리적인 상태로 간주한다.

근대에 이르러서는 감정 또한 이성의 한 부분으로 간주되어 조절하고 억제될 수 있는 것으로 규정했다. 인간을 이성적 존재로만 규정한 폐해는 근대 후반 귀부인들에게 만연했던 히스테리 증상을 통해 전환을 맞았다. 그리고 현대에 이르러 인간을 합리적인 존재로 설명하는 관점에 대해서는 2002년 심리학자로서 노벨 경제학상을 받아 이슈가 되었던 프린스턴대학 교수 대니얼 카너먼Daniel Kahneman의 연구(쇼핑할 때 구매에 영향을 미치는 요인들)를 굳이 들먹이지 않더라도 우리가 어떤 결정을 하는 데 있어 이성적 정보보다 정서적 요인에 영향을 받는다는 것이 심리학의 여러 연구를 통해 익히 알려져 있다. 결국 좋아서 선택하지만 싫은 것을 멀리하기 위해 여러 이유가 필요한 것이다. 현대의 정신분석에서는 그 싫음을 여러 가지 이유로 스스로 포장하는 것, 즉 스스로에게 하는 거짓말이 우리 정신을 병들게 한다고 말한다.

그러면 우리는 이성적이기보다는 정서적인 존재인가? 이 역시 딱 잘라 그렇다고 할 수는 없다. 이성과 정서는 말 그대로 인간이 가진 필수적 생존 장치이고 두 가지 모두 삶을 살아가는 데 가장 기본적인 것이다. 그러나 내 관점에서는 둘 중에서 궁극적으로 행동을 이끌어가는 것은 정서다. 정서란 궁극적인 '나'의 선택을 종용하고 일관된 패턴을 유지시키는 개개인의 고유한 특성이다.

유학에서는 인간의 근본을 사단칠정四端七情의 '희노애락애오욕喜怒哀懼愛惡慾'이라 말한다. 즉 '인간 행위의 근본'이 일곱 가지 감정에서 비롯한다고 본 것이다. 그러나 이 필수적이고 근본적인 에너지가 어떤 이유로든 한쪽으로 치우쳐 유독 어떤 것만 강화되거나 고여 있다면 우리는 자신에게 극대화된 그 방법으로만 다른 것들을 충족시키려 할 것이다.

예를 들어 사랑의 감정이 잘 발현되지 못하는 사람의 경우, 그가 쓸 수 있는 익숙한 에너지가 소리를 질러 화를 내는 것이거나 이불을 뒤집어쓰고 원망하는 것이라면 그는 사랑을 느끼고 싶은 순간 그렇게 할 것이다. 혹은 화를 내야 하는데 (그 화를 인정하거나 누그러뜨릴 만한 어떤 계기가 없음에도 불구하고) 늘 참고 내색하지 않는 방식으로 일관했다면 정작 분노가 정당한 상황에서도 이해할 수 없는 엉뚱한 행동을 취할 수도 있다. 잘 살 수 있는 에너지 양분이 잔뜩 있음에도 그것을 제대로 쓰지 못해 병들어가는 예는 우리 주위에 너무나 많다. 이성은 균형이 깨진 이런 상황을 인지하고 재건할 수 있는 틀이다. 한쪽으로 기우뚱 누워버린 에너지가 얼마큼 기울어졌는지, 이것을 어느 곳으로 옮기고 어디에 도움을 청해서 다시 당겨야 하는지를 사고하고 객관적으로 깨우쳐주는 정보이자 심판이다.

이성과 정서는 둘 다 개인의 삶을 이끌어가는 자원이다. 그러나 현대 사회는 지식과 정보가 한없이 흐른다. 이성적 정보가 없고 사고의 기준을 마련할 만한 자원이 없어서 삶이 한쪽으로 기울어지기보다는 순수한 정서를 스스로 흡수하고 발산할 수 없어서 정서적 건강이 위협받기 쉽다. 우리 몸이 날마다 순수한 물을 받아들이고 그 물을 신체에서 한껏 쓰고 밖으로 내보내듯이, 순수하게 정서를 받아들이고 내 안에서 나의 세포를 생장시키고 독려하고 남은 찌꺼기를 밖으로 뿜어낼 수 있다면 우리는 진정으로 살아있고 성장하고 있는 것이다.

도입부에서 정서를 말하며 드라마를 언급한 이유가 바로 이것이다. 드라마의 주인공은 우리 삶을 어떤 방향으로 추동하는 근원적 에너지가 있다고 믿었다. 그리고 자신이 만나는 범죄자들을 그 근원적 에너지가 한쪽으로 굴절된 자들이라고 보았다. 그 굴절의 지점이 어디부터였는지 이성적으로 파악하는 것이 그가 하고자 하는 일이었다. 우리도 이제부터 이 책을 한 장 한 장 넘길 때마다 각각의 장에서 혹시라도 자신 안에 치우쳐 있는 정서적 요인이 있는지, 만일 있다면 그 원인을 어떻게 설명할 수 있을지 곰곰이 생각해보자.

2일

오늘의 키워드

만족

싼 것만 사는 사람의 통장이 텅텅 비는 이유

에른스트 하인리히 베버의 행동주의 심리학

#행동주의 #심리학 #베버 #오징어게임 #만족

한동안 전 세계가 넷플릭스 시리즈 〈오징어게임〉의 열풍 속에 있었다고 해도 과언이 아니다. 〈오징어게임〉의 폭발적 흥행에는 여러 이유가 있겠지만, 전 세계인의 공감을 얻은 포인트는 보편적 욕망인 '돈'을 주제로 하고 있기 때문이 아닌가 싶다. 해당 기수의 제일 마지막 456번째로 참가해서 456번이라는 숫자로 불리는 주인공의 등번호는 회차가 진행될수록 거대한 돼지저금통 안에 456억으로 차오르는 돈더미로 현실화된다. 456억이라니! 처음에는 먼 나라 뉴스에

나 나오는 숫자처럼 비현실적으로 들리던 액수를 드라마 안에서 매회 눈앞에 가득가득 차오르는 5만 원권 돈더미의 수위로 보다 보니 200억은 돼지의 배도 못 채우는 휑한 결핍으로, 300억은 배를 가득 채우고 등을 남긴 아쉬움으로, 456억은 집채만 한 돼지저금통 안을 틈 없이 빼곡히 채운 희열로 감상이 달라질 뿐 어느 순간 456억이라는 액수에 대한 비현실적인 괴리감은 사라지고 현실적인 단위처럼 익숙하게 여겨진다.

그 결과 매달 공과금, 보험, 할부금 등으로 다 빠져나가서 456억은커녕 통장에 456만 원도 없는 내가 이제는 10억 행운 운운하는 기사에도 심드렁해지는 기이한 증상에 처한 것이다. 이렇게 큰 자극에 익숙해지면 작은 자극에는 무감각해지는 증상들, 예를 들면 요즘같이 쨍하게 환한 LED 조명 아래서 초를 켜면 촛불을 느끼지 못하듯, 자극이 강할수록 자극의 변화를 느끼려면 변화값이 커야 하는 현상을 심리학에서는 베버의 법칙이라고 한다.

에른스트 하인리히 베버Ernst Heinrich Weber(1795~1878)는 독일의 심리학자이자 생리학자다. 베버는 생리학자로서 수술이나 해부 과정에서 대상이 반응하는 촉각에 관심을 가졌다. 특히 대상의 물리적 구조와 자극 사이의 관계에서 자극의 강도에 따라 반응하는 결과치를 정량적으로 표준화하는 데 주목했으며, 그중에서도 '역도' 선수들에게서 힌트를 얻어 '베버의 법칙'을 내놓았다.

베버의 법칙은 처음에 강한 강도의 자극을 받은 사람은 그보다 약한 자극에 무감각해진다는 것이다. 예를 들어 30킬로그램의 무게를 들고 있는 사람에게 500그램의 무게를 추가한다면 그 차이를 느끼지 못하지만 3킬로그램의 덤벨을 든 사람에게 500그램의 무게를 추가하면 무게 차이를 쉽게 느낄 수 있다. 즉 무게가 많이 나갈수록 일정 비율 이상의 자극이 가해져야 그 차이를 느낀다는 사실을 발견한 것이다. 자극의 세기 자체가 아니라 그 '조건'에 의해 감지하는 자극과 그 반응이 달라질 수 있다는 이 베버의 법칙은 현재 심리학에서 꾸준히 응용되고 있다.

현대적 의미의 심리학이 형성되기 이전 초창기 심리학은 자극과 행동 반응 간의 결과를 토대로 인간의 행동을 예측하는 양상이었다. 베버의 연구 역시 생리학자로서 사람들이 감지하는 자극에 관해 일상의 행동 경향을 주목해서 일정한 경향을 법칙화한 것이다. 베버의 법칙은 이후 구스타프 페히너Gustav Fechner(1801~1887)에 의해 더 정교화되어 현대에도 소비심리를 예측하거나 시장의 물가지수를 결정하는 등 경제 분야는 물론 학습, 운동, 심리코칭 등 여러 분야에서 응용되고 있다. 봄이 와서 기분 전환으로 고가의 멋진 정장을 장만한 사람에게 3만 원만 추가하면 넥타이나 와이셔츠를 고를 수 있다고 해보자. '어차피 몇십만 원이나 긁었는데 이 정도야 뭘' 하면서 하등 고민 없이 둘 중 하나를 집어 든다면 이것은 베버의 법칙인 셈이다. 사회 초년생들이 소소한 소비 끝에 카드를 돌려막는 이치도 비슷하다. 작은 소비에는 큰 심각성을 깨닫지 못하기 때문이다. 반대로 베버의 법칙에 의하면 어떤 행위에 대한 보상을 처음에 과하게 제공하면 나중에 적정한 보상을 받았음에도 오히려 배신감, 분노를 느끼게 된다.

'새 가방을 사서 오는 행복은 한 달, 새 차를 사서 오는 행복은 세 달, 새 집에서 느끼는 기쁨은 6개월, 사랑에 빠진 기쁨은 1년'이라는 말이 있다. 어떤 것이든 처음의 감흥을 뛰어넘지 못하는 감흥에는 무감각해진다. 지금 눈앞의 가족에게, 내가 하고 있는 일에 대해, 내가 가지고 있는 것에 대해 만족하지 못하고 무감각해졌다면 그 이유는 주변 환경이 변하거나 퇴색한 것이 아니라 우리가 사는 세상에 시시각각 쏟아져 나오는 새로운 자극이 너무 많아서 그 강력하고 좋은 것들로 인해 내 주변이 뒤로 밀려나 보이는 것을 내가 뒤처진 것으로 오해하고 있는지도 모른다.

부모님이 말하는 시대보다 먹을 것, 볼 것, 놀 것이 가득한 세상에 살고 있는데 내 삶은 다른 사람들보다 뒤처진 것처럼 느껴지고 암울하기만 하다? 예전에 이미 너무 놀았거나 그냥 내 자리에 머물러 있는 것일 수 있다. 다른 집 부부들은 취미생활도 같이하고 여행도 다니며 정이 넘쳐 보이는데 우리 부부는 냉랭하기만 하다? 연애 때 실컷 놀았거나 애초부터 집에 있는 것을 선호했던 커플일 수도 있다. 다른 집 부모들은 자식들과 수평적으로 대화하고 의견을 존중하는데 우리 집 부모는 갈수록 고압적이라 더 이상 대화가 안 된다? 사실 태어났을 때부터 늘 보아온 익숙한 모습이 아니었을까? 삶의 행복은 눈앞의 대상이 결정하는 것이 아니라 내가 느끼는 감도에 비례하는지도 모른다. 소소한 것을 느끼고 소소한 만족을 느낄 수 있는 감각을 찾는다면 삶의 전반에 행복은 이미 준비되어 있는지도 모른다.

내 마음이 지치고 힘든 것은 갑자기 불쑥 나타난 사건 때문이 아니다. 별것 아니라고 참고, 이 정도쯤 괜찮다고 치부했던 작은 일들 하나하나가 내 안에 쌓여서 어느 순간 이대로 다 그만두고 멈춰버리고 싶게 만드는 큰 짐이 된다. 그래서 우리 삶에는 약간의 요령이 필요하다. 작은 짐이 마음 한편을 다 잠식하지 않도록 구조를 나누고 서랍을 정리하듯 '이건 딱 여기까지만!' 하는 자기만의 원칙을 마련하는 것이다. 그러고도 마음이 힘들어지는 순간이 오면 그땐 내 곁에 있는 사람이 힘들지 않을 만큼 조금씩 마음의 짐을 덜어낼 수 있어야 한다. 짐을 들 때와 마찬가지로 짐을 덜어낼 때도 한 번에 과하면 부작용이 남게 마련이라 조금씩 덜어내야 나도 상대도 다치지 않는다.

오늘의 키워드

의식

심리학은 함부로 심리를 말하지 말라고 만들어졌다

빌헬름 분트의
내성법

#구성주의 #분트 #심리학의_아버지 #라이프치히대학 #내성법

초창기 심리학은 다른 학문을 매개로 해서 마음으로 연결되었다. 여타의 학문에 비해 역사가 짧은 심리학이 폭발적으로 융성할 수 있었던 데는 바로 그런 배경이 작용했다. '심리학의 아버지' 빌헬름 분트Wilhelm Max Wundt(1832~1920)가 등장하기 전까지 심리학은 철학의 한 분과로 다루어졌다. 하나의 학學으로 인정받은 지 이제 고작 200년을 맞은 심리학이 사람을 설명할 수 있는 가장 주목받는 학문으로 위상을 정립한 데는 분트의 역할이 컸다. 개별 학문으로 심리학의 독립을 이끌어낸 장본인이 생리학, 언어학, 의학, 사회학, 문화인류학 등 전방위 학문에 조예가 깊었던 '팔방미인' 분트였기에 그런 위상이 가능했다고 해도 과언이 아니다.

분트 이전 철학에서는 마음을 우리 의식을 구성하는 한 부분으로 이해하고 있었다. 인간의 의식을 정신과 육체로 나누고, 그 정신을 다시 '객관적 사실'과 '감각, 주관적 사실'로 나눠서 마음을 설명하는 식이었다. 이렇게 마음을 의식의 구성요소로 다루다 보니 마음은 '가시적인' 공간처럼 우리 의지로 채우고 다듬고 비울 수 있는 것처럼 간주되었다. 그러나 '마음이 정말 그렇게 설명될 수 있는 요소로 구성된 것인가?'라는 의혹은 언제나 존재했고 그 의혹에 대해 분트는 여러 활동을 병행해 답안을 준비했다.

빌헬름 분트는 당시의 기술 발전에 힘입어 과학적 체계를 중요하게 생각했고 또한 철학적 태도로 인간을 여러 차원으로 해석하고자 했다. 즉 인간 개인의 존재적 특성은 물론 집단적 특성과 사회, 문화에 이르는 여러 인간의 특성들을 연구했다. 이렇게 여러 방면에서 인간을 입체적으로 바라본 그는 이후 비교심리학, 사회학, 문화인류학, 철학에 이르기까지 다방면에 걸쳐 학문적 업적을 남겼다.

초창기 심리학의 배경이 되었던 주류는 주로 인간의 행동과 그 반응에 영향을 미치는 요인들에 집중했다. 하지만 분트는 마음에 영향을 미치는 요인으로 몸의 신체적 반응은 물론 환경과 문화까지 아울러 생각하고 분석함으로써 이전에는 심리를 인간의 '경향성, 현상'으로 바라보던 시각을 복합적인 학문의 틀로서 규정한 '심리학'으로 변모시켰다. 분트는 생리학자로서의 지식을 바탕으로 우리 몸이 자극에 대한 반응을 생성하는 데 걸리는 시간을 측정하는 방식으로 당시로는 파격적으로 심리를 수치화했으며 1800년대에 인간의 '뇌'에 주목해 뇌의 특정 영역과 이상 행동 간의 관계를 처음으로 발견하기도 했다.

분트는 모교인 라이프치히대학에서 1875년부터 1918년까지 교수로 재직했는데, 이 기간 중에 1879년 라이프치히대학에 역사상 최초로 공인된 심리학 실험실을 개설했다. 학교 지하에 방치된 공간을 제공받아 만든 이 실험실은 역사상 최초라는 수식어가 무색할 만큼 초라했다. 이 옹색한 실험실에는 당시 '인간의 마음 연구'라는 학문적 뜻을 같이하는 각 나라의 다양한 분야 학자들이 모여들었다. 이로써 현대 심리학은 라이프치히대학에 세계 최초 심리학 실험실이 설치된 1879년을 기원으로 공식화하고 있으며, 각 분야 전문가인 다양한 학자들과의 종합적 연구 덕분에 분트의 실험실은 이후 다양한 심리학 분과가 발달할 수 있는 기반이 되었다.

분트는 과학적인 심리학이란 개개인을 구성하는 의식의 내용을 분석하는 것이라고 믿었다. 물이라는 물질의 구조를 이해하기 위해 물(H_2O)을 구성하는 요소를 수소 두 개와 산소 하나로 분석해내듯이 분트는 심리학에서도 인간의 의식에 대해 같은 입장을 취하고자 했다. 이렇게 개인의 의식을 이루는 구성요소에 주목한 분트의 심리학을 구성주의Structuralism라고 부른다.

그런데 한 인간을 이루는 구성내용을 밖으로 끄집어내는 것이 어떻게 가능할까? 그리고 우리 안에 있는 것은 일관된 것이 아니라 수시로 채워지고 변하는 것이지 않은가? 분트는 그런 점들을 고려해 체계적으로 분석하기 위해 내성법Introspection이라는 방법을 사용했다. 내성법은 스스로 자기의식에 관해 기억을 떠올리고 이야기하며 자기 내부를 주시하도록 하는데, 이러한 주관적인 측정과 실험을 통해 분트는 의식적인 정신 상태를 과학적으로 연구할 수 있다고 생각했다.

분트의 내성법은 한쪽으로 편향되는 주관적 해석을 벗어나 객관적 사실로 스스로의 상황을 관찰할 수 있도록 했으며, 주관적 판단에 치우치지 않도록 하기 위해 분트는 실험의 조건을 체계적으로 다양화시키며 객관적으로 실험하기 위해 노력했다. 또한 인간의 정신발달에 있어 실험심리학만으로는 반영하기 힘든 환경적, 문화적 요인들 간의 일반적 법칙을 증명하기 위해 원시 민족들의 문화적 소산인 언어, 예술, 종교, 신화 등을 연구해 10권에 이르는《민족 심리학》을 저술했고 나라마다 고유한 철학적 특징이 있음을 주목해《국민과 그 철학》을 펴냈다. 분트의《민족 심리학》에서 다룬 여러 개념들은 오늘날 발달심리학, 사회심리학, 문화심리학, 문화인류학, 민족학 등의 기초가 되었고, 실험을 바탕으로 한 그의 심리 연구는 이후 행동주의 심리학의 연구방법은 물론 현재까지 심리학 전반에서 방법적 원형이 되고 있다.

어떤 분야든 최초라는 수식이 주는 위엄은 그 이후의 발전에 모태적 양분이 된다는 것에 있다. A가 나타나는 순간 A1, A2, B도 꾸려진다. 그리고 그 하나의 시도는 이후 알파벳이라는 세계가 될 수 있다. 분트의 심리학 연구는 학적 체계로나 그 자체의 업적으로도 지금까지 영향을 미치지만 더 주목할 점은 그의 연구에서 파생된 후속 학자들이 새로운 시각을 열어주었다는 것이다. 당시 분트의 연구에서 비판의 대상이 되었던 것 중 하나가 개인의 주관적 기억의 환기를 통해 자신을 돌아보게 하는 '내성법'이었는데, 그 과정에서 문제시된 주관적 관찰과 해석의 방법은 이후 객관적 관찰이 강조된 행동주의 심리학을 발달시킨 촉진제가 되었다. 행동주의는 명시적으로 관찰할 수 있는 인간의 행동 자체를 연구했기 때문에 보다 객관적인 특성으로 결과를 제시할 수 있었다. 이 행동주의 역시 인간을 기능적 측면으로만 제한적으로 바라본다는 비판에 직면하면서 그 반작용으로 '정신'에 주목하게 되는 발단이 되었다.

이렇게 문제의식을 꾸준히 발전시키며 심리학은 분트 이후 200년간 폭풍 같은 에너지로 발전해 현시대에 가장 주목받는 학문 중 하나로 자리 잡았다. 사람을 이루는 모든 현상을 심리요인으로 고려해 이론화한 분트 덕에 심리학은 오늘날 기계에 잠식되지 않고 어떤 인간에게도 열려 있는 가능성으로서 존중받을 수 있게 되었다. 지금의 현대 심리학이 지향하는 부분은 주관과 객관을 아우르고자 했던 분트를 확장한 것으로도 볼 수 있다. 분트는 한 인간을 바라볼 때 내면의 인식과 외재적 요인을 입체적으로 전부 고려해야 한다는 것을 방대한 연구를 통해 보여주었다.

한 사람의 마음 안에는 하나의 세상이 들어 있다. 그 사람을 이룬 문화와 역사, 예술작품, 가치관, 사람들과 지식, 기억에 남는 것, 좋아하는 것과 싫어하는 것, 그 이유 등. 그런 사람들의 마음을 담는 학문에는 세상을 다 포함한 우주가 들어 있어야 한다. 우리는 그래서 사람의 마음을 말할 때도 또 그 마음을 담은 학문에 대해 말할 때도 쉽게 '안다'고 말할 수 없다.

4일

오늘의 키워드

자극과 반응

신경의 반응으로 정서를 측정할 수 있을까?

이반 파블로프의
고전적 조건형성

#행동주의 #파블로프 #조건반사 #보상과_환경에_대한_고전연구

많고 많은 TV 프로그램 중 요즘 내가 특히 관심을 갖고 보는 것은 동물과 함께하는 사연들이다. 반려동물들의 갖가지 사연을 담은 방송은 항상 그 결과에서 뭉클한 감동을 남긴다. 이상 행동이나 반응으로 주인은 물론 주변의 걱정을 끼쳐 방송에까지 소개되는 동물들은 늘 어떤 이유로(주인에게 버려지거나 다치거나 학대를 경험하거나 새끼를 잃거나 등) 마음을 닫아버린 채 고통을 겪는데 이때 동물행동 전문가가 나타나 신기하게도 문제를 해결해낸다.

해결사들이 SOS 상황에서 적용하는 것은 동물들의 트라우마 행동에 대해 다른 조건을 형성해 반응을 교정하는 것인데, 이것이 바로 고전적 행동주의의 기본 이론이다. 놀랍게도 사람들의 교육에서도 '학습 이론'이라 해서 바로 이 조건형성을 통해 행동을 변화시키는 고전적 행동주의 이론을 적용한다.

행동주의는 관찰이 가능한 대상자의 외적인 행동 패턴을 연구하며, 개별적 기질과 인지구조가 아닌 지속적 경험이나 훈련을 통해 일어난 행동 변화에 주목한다. 행동주의 학자들의 가정은 유기체의 모든 행동은 학습된 결과이므로 그 결과가 문제적 행동이라면 새로운 학습을 통해 변화시킬 수 있다는 것이다.

행동주의의 초석이라 불리는 이반 페트로비치 파블로프Ivan Petrovich Pavlov(1849~1936)는 러시아의 생리학자로서 소화계통의 다양한 실험으로 개를 통해 자극과 자극에 대한 반응을 관찰했다. 그 과정에서 개에게 영향을 미칠 수 있는 외부 환경을 통제하고 일정한 자극을 조성했는데, 바로 종소리와 먹이를 그 조건으로 설정하고 종소리를 울려 개가 침을 흘리는 것을 반응으로 조성한 것이다. '파블로프의 고전적 조건화'라는 명칭은 이런 일정한 조건환경을 조성한 연구가 파블로프에 의해 체계적으로 시작되었기에 붙은 것이다.

파블로프는 타액 분비를 제대로 통제하지 못하는 개에 주목해 실험을 진행했다. 그는 먹이 앞에서 늘 침이 분비되는 개에게 먹이와 함께 종소리를 들려주는 조작을 통해 개가 종소리와 먹이에 동시에 반응하게 학습시키고, 나중에는 먹이를 조건에서 제외하고 종소리만 들려주었음에도 개가 침을 분비하는 모습을 보고 실험 요소들의 조작으로 반응 행동이 달라지는 것에서 새로운 흥미를 느끼게 되었다. 이 실험이 바로 유명한 파블로프의 조건반사 연구다.

파블로프는 이후 행동주의의 기반이 된 고전적 조건화 연구에 몰두하게 된다. 그는 학습자의 반응에 영향을 주는 것은 환경적 자극이며 그 자극을 조작해 새로운 행동을 습득하게 할 수 있다고 확신했다. 우리에게 너무나 자동반사적인 행동조차도 이전에 경험한 학습에 의한 것이라면 다른 학습의 자극을 통해 얼마든지 행동을 변화시킬 수 있다는 것이다. 행동주의 심리학자들은 파블로프의 연구를 기반으로 인간의 정서가 학습될 수 있다고 주장하면서 조건형성을 학습의 기제로 보았다. 또한 파블로프의 연구는 사람이든 동물이든 어떤 행위에 대해 보상이 뒤따를 때 학습이 된다고 주장한 미국의 행동주의 심리학자 스키너Burrhus Frederick Skinner(1904~1990)의 조작적 학습 이론 등 행동강화 이론들에 영향을 미쳤다.

개를 대상으로 한 조건반사 연구인 파블로프의 고전적 조건화는 인간에게도 학습효과나 행동교정에 적용할 수 있다는 면에서 이후 심리학을 집단에 적용하는 이론으로 크게 확장시켰다. 그러나 우리가 고려해야 할 중요한 것은 사람은 주어진 대로 반응하는 수동적인 존재만이 아니라는 것이다. 인간은 능동적 존재로서 외부 자극을 '정서적'으로 기억한다. 정서는 인간 행동의 기본 동기로 우리 삶에 깊이 작용한다. 어린 왕자와 여우에게 오후 3시라는 시간 조건은 2시부터 여우를 설레게 하고 3시 이후에는 그리움이 되고 어린 왕자와 관련한 것들에 대한 사랑의 감정이 되고 미래의 즐거움이 되었다.

'프루스트의 마들렌 효과'라는 것이 있다. 프랑스의 작가 마르셀 프루스트Marcel Proust(1871~1922)의 소설《잃어버린 시간을 찾아서》에서 주인공은 어느 겨울날 산책 후 집에 돌아온다. 그가 추운 밖에서 들어서는 모습을 본 어머니는 홍차를 마시지 않겠느냐고 묻는다. 평상시엔 딱히 홍차를 좋아하지 않았으나 그날따라 순순히 어머니의 제안을 받아들인 주인공은 홍차와 함께 조가비 모양의 '프티 마들렌'을 건네받는다. 그날 이런저런 미래의 전망으로 마음이 침울했던 주인공은 마들렌 조각을 홍차에 적셔 입에 넣는 순간 몸속의 어떤 반응을 느끼게 된다. 그리고 형언할 수 없이 솟아난 어떤 환희의 감정이 하나의 추억과 연결되어 있음을 알게 된다. 그가 느낀 것은 예전에 일요일 아침마다 친척 아주머니 방으로 아침 인사를 하러 갔을 때 아주머니가 곧잘 홍차에 적셔서 주던 마들렌의 맛이었다. 그것이 옛날에 경험했던 맛이라는 것을 깨닫자마자 그는 잊고 있던 추억 속에서 즐겁게 뛰놀던 정원과 숲의 느낌을 되살려낸다.

한두 살의 유아에게도 스스로 자기 의지를 관철하고자 하는 강한 주장의 행동이 있다. 그리고 그 행동들이 쌓여 곧 그 유아의 특징이자 자의식이 된다. 표면상의 행동교정은 단지 행동의 영역에 국한된 것이 아닐까 싶다. '행동의 교정'이란 어떤 명분으로든 조심스러운 통찰에 의해 다루어져야 할 것이다. 행동 안에 연결된 기억과 감정을 생각한다면 행동주의 심리학은 많은 요인들을 염두에 두어야 할 것이다.

갑자기 고등학생 때 유행하던 원태연 시의 한 구절이 떠오른다. "생각이 날 때마다 술을 마셨더니 이제는 술만 마시면 네 생각이 난다." 제목이 '악순환'이었던가?

5일

오늘의 키워드

주변 환경

집은 곧 그 사람이다

쿠르트 레빈의
장이론

#레빈 #사회심리학 #장이론 #생활_공간

그런 농담이 있었다. 고대 벽화의 문자를 해석해봤더니 '요즘 애들은 왜 싸가지가 없을까?'라는 뜻이었다고. 이 이야기가 농담인 이유는 우리 입장에서는 다 같은 까마득한 인류인데 지금이나 그때나 세대 차이는 늘 있었을 것이라는 위트에 있다. 지금도 마찬가지 아닐까 싶다. 집단 내에서 사람들의 개성이 뚜렷해지고 제각각 특징이 부각되는 사회라고 하지만, 한발 물러나 외부에서 지켜보면 그 시대의 한 장을 함께하는 사람들은 시공간의 쌍둥이들처럼 서로 참 많이 닮아 있다. 나는 내 집단의 사람들이 불만이지만 남들 눈에는 나나 내 옆 사람이나 한 덩어리로 보이는 법이다.

현재 사회의 주역인 20~30대를 우리는 MZ세대라고 부른다. 기성세대에 의해 이전 세대와 '다르다'고 거론되는 이들의 가치관과 사고체계는 종종 조직사회 안에서 기성세대와 마찰을 빚기도 한다. 기계를 다루는 데 능숙하기에 내비게이션 세대, 스마트폰 세대 등으로 일컬어지는 이들이 기성세대에게 다르다고 느껴지는 가장 큰 특성은 '개인주의'일 것이다. 기성세대는 핵가족화 이전의 가족구조 속에서 웃어른과 형제자매와 섞여 자라고 학교생활에서도 집단의 구성원으로 공동체 의식을 강조하던 문화 속에서 성장해 졸업하면 취업을 통해 자립하는 것이 성인으로서 당연한 수순이었다. 그러나 이전 세대에 비해 풍요로운 여건하에 MZ세대는 핵가족구조 속에서 부모의 지원이 집중된 데다 체벌이 금기시되고 개인의 생각과 성향이 존중되는 시대에 태어났기 때문에 불공정과 불합리, 환경오염 문제 등에 매우 민감하다고 한다.

한 집단 안에서 가치관이 다른 세대와 공존하는 것이 서로 힘들겠지만 중요한 건 어느 쪽이 더 옳고 그른가가 아니라 사회구성원으로서 서로에 대한 이해다. 이렇게 사회적 상황 요인이 개인의 행동·생각·느낌에 어떤 영향을 미치는지, 그리고 개인과 공동체 간의 상호작용은 어떻게 이루어지는지를 심리적 측면에서 연구하는 학문이 사회심리학social psychology이다.

사회심리학이라는 분야가 있기 전에는 사람들의 행동 경향을 일련의 상황 속에서의 반응으로 보았다. 행동주의는 심리학 초기의 주된 경향이었고 심리학은 의학, 생리학, 과학과 연계해 우리의 행동을 설명했다. 그러나 행동주의는 인간 의식 내의 사고를 반영하지 못하며 인간의 행동에 미치는 주변 관계의 영향을 설명하지 못하고 단순화한다. 쿠르트 레빈Kurt Lewin(1890~1947)은 이런 경향 속에서 개인의 주된 행동 패턴을 생활 공간과 특정 시간 속의 요인들로 바라본 '장이론'을 제시한 사회심리학자다.

쿠르트 레빈의 장이론은 부분이 아닌 전체적인 관점으로 우리의 행동을 연구한다. 우리는 결국 주변의 모든 것에서 영향을 받고 있다는 것이다. 나라는 존재에 있어 나를 이루는 장의 영향은 유기적이어서 내 행동의 선택과 변화는 결국 그 안의 모든 요소와의 관계성으로 봐야 한다는 것이다. 반대로 해석하면 개인이 어떤 행동의 변화를 꾀하려 해도 장의 변화가 없다면 자신의 의지만으로 행동을 변화시키기 어렵다는 것이다. 즉 레빈은 심리학이 사람과 주위 환경을 완전히 별개인 것처럼 연구해서는 안 된다고 생각했다. 대신에 그것들이 서로 어떻게 영향을 주는지, 줄 수 있는지를 봐야 한다고 생각했다.

레빈의 장場 개념은 인간의 행동 결정 요인을 개인의 심리적 생활 공간으로 설명한다. 레빈에 의하면 행동은 인간과 환경의 상호작용에 의해 나타나는 것으로 인간과 환경의 조건은 어느 시기, 순간에 한 사람의 행동을 결정하는 심리적 요인이 된다. 그러므로 개인의 생활 공간은 레빈에게 매우 중요하게 다뤄진다. '집은 곧 그 사람입니다'라는 광고 문구가 아니더라도 외적 공간은 물론 그 안에 함께 내재된 정서 전반은 그 사람의 행동과 선택에 작용하는 모든 요인이 된다.

레빈은 장이론에서 생활 공간의 의미를 위상심리학에 나오는 개념을 통해 거리로 설명했는데, 쉽게 말해 한 대상이 공간 속에서 각각의 대상과 떨어져 있는 거리를 통해 그 대상들과 맺는 관계에 주목하는 것이다. 내 행동반경에 배치한 대상들을 표상화시켜 그들과 나의 관계를 객관적으로 확인하고 동시에 전체적 형태를 가시화할 수 있다는 것이다. 이러한 연구 및 이론으로 그는 '사회심리학의 아버지'라 불린다.

쿠르트 레빈이 개인을 이토록 주위 환경과 관계적 요소의 총체로 바라본 것은 그의 생애와도 관련이 있을 것이다. 레빈은 지금의 폴란드에서 태어났으나 가족이 독일로 이사하면서 의학과 생물학은 물론 독일의 학풍에 영향을 받아 철학에 집중하게 되었고, 제1차 세계대전에 참전해 부상을 입은 후에는 베를린에 있는 심리학 연구소에서 일을 시작했다. 이후 나치가 권력을 잡자 많은 학자들이 억압을 피해 독일을 떠나 다른 나라로 망명한 것처럼 레빈 역시 미국에 정착했고 한 부분으로 매몰되지 않은 인간의 평등한 사회의식에 관심을 가졌다. 레빈은 인간의 마음을 연구하는 심리학을 통해 사회 현상을 설명하고 평등한 의식의 발전에 기여하고자 했다.

레빈의 장이론은 두 가지 면에서 우리에게 큰 의의를 선사한다. 먼저, 우리는 자신이 맺는 관계를 통해 서로의 장에 영향을 미친다는 것이다. 그리고 다음으로, 우리 행동은 현재에 기반한다는 것이다. 우리의 장은 관계에 의해 역동성을 가지며 모든 관계가 행동의 동기가 된다. 그리고 지금의 행동은 과거에서 귀결된 것이 아니며 현재 일어난 사건에 대한 나의 선택에 달려 있다. 현재의 사실에 입각한 행동이 과거와 미래로의 연결로 각자의 생활 공간인 장에서 역동성을 만드는 것이다.

개인의 각각의 '장'은 동시에 서로의 '장'에 영향을 준다. 한 세대 안에는 이미 다른 세대의 영향이 포함되어 있다. 우리가 특정한 개인과 집단의 행동을 특성으로 말할 때 그들이 MZ세대건 Z세대건 그 특성 안에는 함께 공존한 우리의 영향이 들어 있는 것이다.

오늘의 키워드

무의식

괜찮다고 말하기 전에 마음과 상의할 것

지크문트 프로이트의
정신분석

#정신분석 #프로이트 #무의식 #초자아 #자아 #이드

앞에서 우리는 심리학이 태동되는 시대적 특성을 살펴보았다. 초창기 심리학이 인간의 행동에 주목하는 경향을 보였다면 이후로 심리학은 점차 내적 요인에 집중하기 시작한다. 외적인 행동 경향 중심에서 내적 동기로 심리학의 흐름이 전환되는 데 가장 직접적인 공헌을 한 사람이 바로 지크문트 프로이트Sigmund Freud(1856~1939)다.

프로이트는 내면의 무의식이 인간의 행동을 결정짓는 근원적 동력이라고 주장했다. 그는 신경생리학을 전공하고 수련의로 일하면서 생리학적 원인으로는 규명할 수 없는 신체의 이상 반응들을 임상 현장에서 목도하게 된다. 목에 아무런 구조적 이상이 없는데 물을 삼키지 못한다든지, 손목의 신경기능에 아무런 손상이 없는데 팔을 못 쓴다든지, 환자들이 신경과 무관하게 실제 고통을 겪는 상황을 목격한 프로이트는 당시 최면을 통해 이런 신체적 이상 증상을 치료하는 것으로 명망이 높았던 의사 샤르코Jean Martin Charcot(1825~1893)를 찾아간다.

샤르코가 치료하는 환자들은 주로 귀부인들이었는데 프로이트는 눈앞에서 귀부인들이 샤르코의 최면암시에 빠져들어 자기 내면의 기억을 꺼내 이야기하는 것만으로 그들이 호소하던 신체의 증상이 호전되는 것을 보면서 인간의 의식 안쪽에 가려진 또 한 층의 마음, 즉 '무의식'이 있다고 확신하게 된다. 무의식은 의식이 깨어서 기능할 때는 나타나지 않도록 억압되기 때문에 일상에서 개인은 자신이 숨긴 무의식이 원하는 것을 알 수 없다. 프로이트의 통찰에 의하면 의식에서는 불결하고 천박해서 멀리하던 것을 무의식에서는 간절히 원할 수도 있다. 이런 의식과 무의식의 괴리감이 클수록 더욱 완고하게 의식은 그 내면의 욕구를 부정하는 태도를 취하는데, 문제는 그게 끝까지 억눌려 감춰지는 것이 아니라 우리 신체에 두통, 복통, 현기증, 마비 등의 '증상'으로 나타나게 된다는 것이다.

그런 이유로 프로이트는 신체의 작용에는 자신도 모르는 내면적 추동drive이 관여하며 그 추동은 우리가 의식에서 금지한 것들이라고 주장했다. 이것이 프로이트가 확신했던 무의식에 대한 가설로, 프로이트는 인간의 정신을 내부에서 금기와 규칙을 명령하는 '초자아'와 그런 금기에서 벗어나 위반을 꿈꾸는 욕구의 공간 '이드'와 이런 금기와 본능 사이에서 의식적으로 절충하는 '자아'로 이루어져 있는 구조라고 설명했다. 그리고 증상으로 나타나 개인의 삶에 영향을 미치는 무의식의 작용을 분석하고 증상을 마주하여 스스로 다룰 수 있게 하는 것이 정신분석의 주된 과제라고 생각했다.

그러나 당시에 무의식을 분석하기 위한 강력한 도구였던 '최면'에 대해 프로이트는 회의를 품게 된다. 최면 자체가 환자가 아닌 의사에게 더 주도권이 있었기에 의사의 질문에 의해 환자의 내면에 억눌린 것이 언어로 '발산'되고 나면 증상은 즉각 호전되는 듯했지만 일시적일 뿐 다시 재발된다는 것에서 최면은 의사를 대상화하여 의사에 대한 의존성을 더 부각시킨다고 판단했기 때문이다. 그래서 최면을 중단하고 프로이트는 환자가 당시 상황에서 자유롭게 떠오르는 대로 대화를 이어가는 '대화치료'를 시도했다. 바로 이 대화치료의 장면이 현대까지 이어지는 정신분석 상담실의 모습이다. 분석가는 환자의 뒤에서 환자가 떠올리는 자유로운 이야기를 듣고 환자는 편안한 카우치에 비스듬히 누워 있다. 이런 장면은 환자들의 의존성을 부각시키지 않고자 하는 프로이트의 의식하에 마련된 전통이다.

그렇다면 왜 하필 프로이트가 살던 시대에 이런 증상의 문제들을 호소하는 귀부인들이 많았던 것일까? 앞에서 우리는 한 개인의 행동 안에는 사회적 요인이 반영된다는 레빈의 장이론을 살펴보았다. 프로이트가 살던 시대는 봉건적 사회구조에서 벗어나 과학기술이 급속하게 삶에 확산되던 격변의 과도기로 의학계에는 세균, 세포와 신경계, 뇌의 구조와 역할에 이르는 폭발적인 지식의 발전이 있었고, 산업화의 발달로 사회구조 전반이 새로운 변화의 국면에 있었다. 그 속에서 사람들은 기존의 전통적 가치관과 새로운 문명화에서 요구하는 가치관 사이에서 혼란을 겪을 수밖에 없었고 그 가운데 가장 사각지대에 있던 부류가 소위 상류층 여성이었다. 세상은 새롭고 다양한 욕망들로 가득했음에도 여전히 어떤 가문의 딸, 누구의 아내, 누구의 어머니로서 전통적 규범에서 벗어날 수 없는 이들에게 눈앞의 욕망은 마음껏 누릴 수도 선택할 수도 없는 억압된 것들이었다.

중요한 것은 그들의 의식은 그것을 억압으로 인지하지 않았다는 점이다. 정작 본인들은 '괜찮은데?'라고 여기고 있었던 것이 몸에서는 증상으로 나타난 것이다. 이 원인 불상의 증상이 당시 귀부인들 사이에서 주로 나타난 탓에, 그런 증상에 여성의 자궁을 의미하는 상징적 단어인 '히스테리'라는 병명이 붙었다. 프로이트는 '억눌린 것은 반드시 돌아온다'는 의미심장한 가설하에 '억눌린 것'과 '다시 (몸의 증상으로) 돌아오는 것'을 성性적 에너지인 리비도libido라고 지칭했다. 그것들이 밖으로 드러내지 못하는 것, 주로 사회적으로 금기된 것이기 때문이다. 성적 에너지에 무의식의 기원을 둔 이 리비도 이론은 프로이트가 다른 정신의학자들에게 맹렬한 비판을 받으면서도 끝까지 고수했던 대표적 이론이며 평생에 걸쳐 자신과 환자들의 임상을 거치며 수정을 반복해 발전시킨 이론이다.*

프로이트는 리비도를 두 가지 방향으로 설명했는데, 한 방향은 자기 자신에게로 집중되어 생존을 유지하고 다른 쪽은 대상을 향해 애착을 형성한다는 것이었다. 그러나 이후 제2차 세계대전을 경험하며 그는 인간의 파괴적 본능(타나토스) 또한 우리가 지닌 본능적 힘이라고 고찰하게 된다. 인간에게는 살고자 하는 생동의 에너지만이 아니라 파괴하고자 하는 공격적 추동 또한 동등하게 있는데 한 개인은 사회 속에서 그 에너지들 간의 균형을 찾아 조율한다는 것이다. 프로이트는 우리가 '병리적 증상'이라 여기는 파괴성은 그 두 가지 본능이 한쪽으로 치우친 것이라고 주장했다.

인간의 정신을 본능과 구조로 파악하고 평생에 걸쳐 그 특성을 규명해낸 정신분석학은 이렇게 프로이트의 전 생애의 투지로 개척

* 리비도 이론을 끝까지 고수한 이유는 프로이트가 유아를 생리적 본능을 충족시키려는 에너지 덩어리로 바라봤기 때문이다. 생리학에 기반을 둔 프로이트는 인간을 정서적 측면에서 이해한 것이 아니라 본능적으로 생존을 추구하려는 감각적 본능을 기반으로 의식을 형성하는 모순의 존재로 보았다.

되었다. 프로이트는 "정신분석학은 정상과 비정상을 구분하지 않는다"고 공표했다. 그에게 인간은 이미 두 가지 본능의 갈등 사이에 있는 존재이기 때문에 심리구조적으로 모두 억압이 내재된 비정상적 상태이기 때문이다. 문제는 그 각각의 억압된 것을 스스로 인지하고 이해하는 것이지 '어떤 병'으로 진단받느냐 아니냐가 아니라는 것이다. 오늘날 임상에서도 유지하고 있는 '프로이트의 의자'는 바로 이런 사상을 담고 있다. 분석가의 의자는 내담자의 앞이 아니라 뒤쪽에 위치해 있다. 치료는 분석가의 주도에 의한 것이 아니라 내담자의 자기 성찰의 역량에 달려 있으며 스스로를 객관화하는 것이 그 해석의 열쇠라는 의미다. 무의식의 공간을 가장 정확하게 마주하고 이해할 수 있는 것은 자기 자신이기에 분석가는 내담자의 담화에 개입하지 않고 '묵묵히 들어주고 적절히 질문하며 해석을 안내'할 뿐이다.

'마음'이 화두인 시대다. 정신적 질환을 규정한 《DSM-5》*에 이전에 없던 새로운 병명이 계속 늘어가고 있다. 세상이 살기 편해질수록 왜 우리 안의 병명은 늘어가는 것일까? 살기 편한 시대라는 것이 우리가 순수한 욕망을 남들 앞에서 억압해야 하는 시대임을 반증하는 것일까? 세계인이 가장 많이 사용하는 영어단어라는 '스트

* 정신질환 진단 및 통계 편람(Diagnostic and Statistical Manual of Mental Disorders)의 약자 DSM의 5차 개정판으로 미국정신의학협회(American Psychiatric Association)가 출판하는 서적이다.

레스'가 만병의 근원인 것을 프로이트는 아주 일찍부터 마음의 관찰을 통해 통찰하고 있었다.

프로이트는 구강암의 발발과 암의 전이를 반복하며 20번이 넘는 큰 수술을 받았다. 쇠약할 대로 쇠약해진 몸으로 임종 직전에도 임상을 멈추지 않았으며 내담자를 통해 확장된 경험의 내용을 계속 기록했다. 그가 '무의식'이라는 심연의 공간을 세상에 발표한 이래 정신분석학은 기존에 도외시했던 그 공간을 바탕으로 놀랄 만한 발전을 이어가고 있다. 그가 주장한 리비도 이론은 그 기원을 성에 두고 있다는 비판 속에서도 여전히 현재 정신분석학에서 내적 원인을 소명하는 주요한 요인으로 다루어지고 있다. 또한 그의 주요 이론 중 하나인 '나르시시즘' 이론은 대상을 향해 발전해나가는 자연스러운 관심과 애착이 그 대상으로부터 거부되고 좌절되면 다시 자신에게 되돌아와서 자기에게만 집중된다는 것으로, 비단 개인에 국한되지 않고 다양한 사회현상을 설명하는 이론으로서 여러 병리적 현상의 해석에서 중요하게 인정받고 있다.

'억눌린 것은 반드시 되돌아온다'라는 프로이트의 조언은 즐거움을 누르면 그것과는 결이 다른 파괴적 공격성으로 되돌아온다는 면에서 많은 생각을 하게 한다. 거칠고 뾰족하고 비뚤어진 이중적 성격이 처음에 순수하게 바랐던 즐거움이 좌절된 것이라니. 나 자신에게 그리고 타인에게 어떤 것을 억압하고 강요했을까? 곰곰이 생각해봐야겠다.

내 무의식은 의식적으로 안 된다고 하는 그것을 안에서 갈망한다. 우리 몸은 사실 늘 즐거움을 원하기 때문이다. 그래서 꿈속에서 나는 하늘을 날고 벼랑에서 떨어지며 거침없이 욕망의 장벽을 뛰어넘는다. "안 돼, 안 돼"가 많은 사람의 곁은 편하지가 않다. 그들 옆에는 늘 경직된 긴장이 전류처럼 흐른다. 상대방까지 감전의 위협으로 두렵게 하는 "안 돼"로 자기 무의식의 갈망을 키우는 사람들은 날마다 무슨 꿈을 꾸고 있을까?

오늘의 키워드

균형

가장 거리가 먼 특성끼리는 오히려 가장 잘 어울릴 수 있다

카를 구스타프 융의
분석심리학

#융 #꿈 #페르소나 #그림자 #아니마 #아니무스 #개성화

날씨 탓인지 나이 탓인지 유난히 춥고 쓸쓸한 귀갓길에 우연히 그곳을 지나던 동네 이웃이 나를 알아보고 차를 태워준다. 지난밤 꿈에 나왔던 어느 마을의 낯선 건물 문양이 오늘 내가 갔던 카페 간판에 그려져 있다. 안부가 궁금하던 오랜 친구가 내 생각이 났다며 전화를 걸어온다. 현실과 이상의 괴리에 부딪혀 도대체 뭘 하고 살아야 하나 막막할 때 내가 오롯이 원하던 세상으로 나를 안내하는 계기가 열린다. 꿈꾸던 어떤 것이 거짓말처럼 현실이 되는 일은 우리에게 늘 일어난다. 마치 누군가가 계속 지켜보고 있다가 딱 맞는 시점에 보드게임의 말들을 바꿔놓는 것처럼 무의식의 바람은 언제나 준비된 손길을 만나게 한다.

스위스의 분석심리학자 카를 구스타프 융Carl Gustav Jung(1875~1961)은 우리 안에는 이미 우리가 태어나기 전부터 이전 세대들이 축적해놓은 정서적 유산이 내재해 있다고 말한다. 그래서 우리의 무의식은 집단의 유산이 깃들어 있는 공간이며 우리가 그 공동의 유산으로 서로 연결된 존재라는 것이다. 인간의 무의식을 하나의 잠재적 자원으로 바라본 융은 의식의 힘보다 더 근원적인 원천으로 무의식을 주장한 프로이트의 관점에 동의했으나, 성적 에너지를 강조하는 리비도 이론에는 점차 반대하게 된다. 프로이트에게 무의식은 억압된 에너지가 축적된 공간으로 증상의 원천이라면, 융에게 무의식이란 우리 현실 모습의 원천이다. 그래서 융은 우리의 현재는 늘 꿈꿔온 우리 자신의 무의식이 실현된 것이라고 말한다.

융과 프로이트는 한때 공통의 관심사를 연구하며 오랜 기간 개인의 일상을 세세한 서신으로 주고받을 만큼 매우 각별한 사이였다. 관념의 지형을 세상에 공표한 프로이트의 '무의식'이라는 공간은 인간의 내면 동기에 주목한 융에게도 역시 큰 공감을 일으킨 고무적인 사건이었다. 그러나 이후 융은 세상 모든 문제의 근원이 성에서 비롯된다고 주장한 프로이트의 리비도 이론에 반대했다. 융은 모든 무의식의 문제를 성적인 이유로 설명할 수는 없다고 생각했으며 리비도를 성에 국한된 것이 아닌 정신을 포함한 생의 전반적 에너지라고 바라봤다. 하지만 프로이트는 생리학에 근원을 둔 의사로서 인간을 생물학적으로 바라봤기에 융의 확장된 개념의 리비도를 절대 받아들일 수 없었고, 이로써 그들은 서로 등을 돌리게 되었다.

프로이트의 정신분석과 가장 달랐던 융의 입장은 인간이 무의식의 잠재력과 관계성을 통해 자신의 심리적 한계를 극복하고 전인적 인격에 다다를 수 있다는 신념에 있었다. 프로이트는 개인의 정신구조는 유아기에 형성되어 그 구조 내에서 정신병리적 증상이 발현되었을 때 분석을 통한 자기 이해를 바탕으로 호전될 수는 있지만 그 정신의 구조는 변하지 않는다는 입장이었기에 융의 입장과는 근본적으로 달랐다. 이 부분이 바로 융 심리학의 핵심이자 융이 이후의 심리학에 미친 영향에서 중요한 지점이다.

융에게 인간의 무의식은 억압된 것이 뛰쳐나오려고 꿈틀대는 욕망의 지하실이 아니라 자기 자신을 이끌어가는 잠재적 힘이었고, 융은 우리의 무의식 안에는 집단의 무의식이 투영된 하나의 원형이 있다고 보았다. 그러므로 인간은 서로가 서로에게 모두 전인적 존재이며 우리 삶은 그 통합된 원형을 발현시키는 과정이다.

융은 인간의 정신이 의식, 개인 무의식, 집단 무의식으로 이루어져 있다고 보았다. 그리고 인간의 의식은 무의식의 바다에 떠 있는 작은 배에 불과할 정도로 융에게 무의식은 인간의 거대한 잠재력의 공간이었다. 융이 이토록 무의식의 에너지를 크게 바라보는 것은 목사였던 아버지와 병약한 탓에 그를 거의 돌보지 못한 어머니 사이에서 늘 혼자 지내며 몽상에 젖어 있던 고독한 유년의 성장배경과 무관하지 않을 것이다. 외부 세계로부터 차단된 채 그는 유년기부터 자신의 꿈이나 환상 같은 내부 세계에서 지냈다. 늘 인간의 내부에 몰입했던 그는 대학에서 정신의학을 전공하고 25세에 당시 유럽에서 가장 진보적인 정신병원 중 하나였던 스위스 취리히의 부르크횔츨리 정신병원의 수련의가 되었다. 30세에는 취리히 의과대학의 임상과장으로 강의를 겸하며 자신의 입지를 다졌다. 이후 부유한 집안의 상속녀와 결혼했으며 1948년 융연구소를 설립하게 된다.

고립된 외로움을 내면의 환상으로 채웠던 작은 아이는 언뜻 순탄대로 속에 저명한 세계적 학자가 된 것처럼 보인다. 그러나 융은 생애 내내 늘 삶 속에서 환상과 악몽, 우연적 암시를 경험했으며 정신분열과 망상적 정신질환에 시달렸다. 그러나 그것을 도리어 연구의 재료로 삼았다. 즉 융의 무의식의 신화는 그 자신이었다. 융은 분석현장에서 환자와 분석가 사이에 일어나는 감정적 전이 현상에 대해 치료에 필연적인 소통이며 그로 인해 환자도 분석가도 함께 교감을 통해 성장한다고 생각했으나, 치료 현장의 분석가와 환자 사이의 감정적 전이에 대해서는 당시나 지금이나 부정적 견해가 있었다. 환자와 분석가가 서로 공감이 깊어지면 그 에너지가 치료와 방향이 다른 이성 간의 호감으로 발전하게 되거나 환자가 분석가에게 전적으로 의존하게 되어 객관적 인식에 방해가 될 수 있기 때문이다.

그렇게 위험할 수 있는 전이에 대해 융이 그 필요성을 고수한 것은 그가 주장한 '집단 무의식'에 대한 신념과 부합한다. 융은 인류 모두가 보편적으로 집단 무의식 안에서 연결되어 있다고 보았다. 예를 들면 동서양이 전혀 교류가 없던 시대에도 용이라는 상상의 동물이 동양과 서양 양쪽 민족의 관념 속에 있었던 것이나 각각의 민족들이 표현하는 상징의 문양, 무심코 하는 낙서의 도형이 서로 비슷한 것 등을 융은 인류의 '정신적 원형'이라고 부르며 그것들을 인류가 공통으로 소유한 무의식이라고 보았다. 가장 내밀한 부분에서 우리 모두는 동일한 체계 속에서 서로 관련을 맺으며 살아간다는 것이다.

우리 자신을 이 같은 차원으로 바라본다면 세계 내에 있는 모든 존재들과 연결된 감각을 고양시킬 수 있으며, 이러한 집단 무의식은 인간이 자신을 완성시켜가는 필수적인 것이기에 융은 인간이 반드시 이것을 알아차려야 한다고 믿었다. 융은 개인이 이 과업을 이루는 데 있어 경계해야 할 모습들을 그만의 용어로 페르소나persona, 그림자shadow, 아니마anima와 아니무스animus로 개념화했다.

페르소나는 우리가 세상과 관계하는 사회적 역할에 의한 가면이다. 인간은 사회 속에서 역할에 따른 각각 다른 가면을 쓰게 된다.

상황에 따라 누구나 페르소나를 필요로 하지만 어쨌든 그것은 '가면'이기 때문에 자신의 사회적 역할과 자신을 동일시하게 되면 그의 의식은 자신의 본질과 멀어지게 된다.

그림자란 감추고 싶은 부정적 측면을 무의식의 세계로 억압함으로써 내면에 형성된 자신의 이중적인 면이다. 그림자는 자신의 내부에 감춰져 있으나 때로는 내가 아닌 다른 사람에게서 발견되기도 한다. 누군가에게 딱히 설명할 수 없는 혐오감이나 적대감이 드는 것은 대부분 스스로 숨겨온 면을 상대에게서 보기 때문이라고 융은 설명한다. 나의 그림자를 들키는 것이 두려워 오히려 상대에게 적개심을 가지게 된다는 것이다. 그러나 그림자가 내부에서 벗어나 스스로 의식화될 때 우리는 이것을 자신의 어두운 면을 극복하고자 하는 동기로 치환해 자신의 능력을 이끌어내는 계기로 삼을 수 있다.

아니마와 아니무스는 신화와 상징에서 자주 사용되는 용어로 융은 여성의 무의식 속에는 아니무스가 있고, 남성에게는 아니마가 있다고 주장한다. 아니무스는 남성적 심리구조로 강인함, 힘, 야성의 상징이고 아니마는 자애롭고 따뜻한 돌봄을 상징하는 여성적 심리구조다. 그런데 우리 사회구조는 남성에게 여성적인 아니마를 드러내지 못하도록 강요하고 여성에게는 남성적인 아니무스를 표현하면 안 되도록 억압하고 있다는 것이다. 융은 우리가 의식적으로 억누르고 있는 각각의 아니마와 아니무스를 잘 계발할 수 있다면 상대의 성을 더 이해하고 자신 안에서 전인적 조화를 이루는 성숙한 인간이 될 것이라고 말한다.

융의 개념들은 모두 하나의 형태 안에는 동전의 양면처럼 극단으로 나뉜 두 가지 성질이 공존하고 있음을 그 특징으로 한다. 그가 말하는 부정성이란 공존한다는 것을 담아내지 않고 한쪽으로만 치우친 것이다. 융에 의하면 성숙한 인격이란 자신 안에 있는 여러 모습을 다 인정하고 담아내는 것이다. 진정한 남성성은 여리고 섬세한 감정까지 드러내고 이해할 수 있는 것이고 진정한 여성성은 적극적이고 용감한 투지를 실현해낼 수 있는 것이다. 자신을 하나의 측면에 고착시키지 않고 여러 측면으로 다 계발할 수 있다면 더 이상 자신 안에 갈등이 없는 통합의 상태에 이르게 되는데 융은 이것을 개성화individuation라고 칭했다.

개성화는 인간이 여러 가지 정신적 요소들을 통합하는 정신 작용으로 의식과 무의식, 자아와 그림자, 페르소나와 아니마(또는 아니무스) 등 서로 대립적 관계인 정신적 요소들이 균형을 갖게 된 상태다. 융은 우리가 모두 개성화를 실현할 수 있는 것은 우리 내부에 치우친 자신의 중심을 잡아주는 조절 기능인 '자기 원형'이 있기 때문이라고 설명한다. 융의 분석심리학의 핵심은 바로 내면의 통합 능력을 이루는 것이고 분석을 통해 인간은 모두 통합된 상태로 성장할 수 있다는 것이다.

요즘 MBTI 테스트가 인기다. 포털사이트에 연예인 이름을 치면 프로필 옆에 MBTI 유형이 적혀 있을 정도다. 내가 좋아하는 연예인이 나와 같은 MBTI 유형이면 친밀감이 더욱 치솟고 전혀 다른 유형이면 다른 것에 주목해 성향 이해의 폭을 넓혀간다. 이 MBTI의 틀을 개발한 사람이 바로 융이다. 그런데 융이 MBTI 진단 틀을 개발할 당시의 취지와 현재 MBTI 유형에 대한 이해가 근본적으로 다른 듯하다. 융의 취지는 각 사람의 특성에 주목해 그 특성으로 사람을 바라보라는 것이 아니었다. 오히려 그 반대다. 한쪽으로 치우친 에너지의 균형을 찾아 스스로 통합을 이루라는 것이다.

MBTI 유형 분석뿐 아니라 사실 모든 성향 테스트가 지닌 의의는 인격의 성숙을 위해 부족한 것을 통합하라는 메시지인데, 요즘은 오히려 치우친 부분을 밝혀내고 그것을 강조해 그 사람을 규정짓는 경향이 있는 듯하다. 재미로 해보는 테스트겠지만 MBTI에는 우리가 모두 연결된 무의식 속에서 서로 성숙해나가는 관계이며 상대를 통해 자신의 치우친 면을 돌아보고 비어 있는 면을 함께 완성시키라는 융의 메시지가 담겨 있음을 환기할 필요가 있겠다.

8일

오늘의 키워드

성장

나를 부끄럽게 하는 것, 그것이 성장의 원동력이다

알프레트 아들러의
개인심리학

#아들러 #미움받을_용기 #개인심리학 #열등감

러시아의 시인 푸시킨Aleksandr Pushkin은 "세상이 비록 그대를 속일지라도 슬퍼하거나 노여워하지 말라"고 했다. 살다 보면 지금 이 순간의 기쁨도 슬픔도 결국 다 지나가고, 지난 과거는 돌이켜보면 언제나 그리워지게 되는 법이라고. 왜 슬픔이 그리워진다는 것일까? 궁금해하던 나도 나이가 드니 이제 그 문장을 이해할 것 같다. 지난날의 슬픔 자체가 그리워지는 것이 아니라 슬픔도 원망도 다 치러낸 사람에게는 그만큼 큰 마음이 남아서 세상이 약속했던 그 시절은 자신이 강하게 성장하는 계기였을 뿐 그 길을 걸어갔던 풋풋한 자신이 그리워지는 것이다. '슬픔'은 지나고 나면 '성장'이라는 다른 이름이 된다.

몇 년 전《미움받을 용기》라는 책이 장기간 베스트셀러를 기록하며 많은 화제를 모았다. 그리고 책의 골자였던 아들러Alfred Adler(1870~1937)의 심리학은 국내에 선풍적인 열등감 바람을 몰고 왔다. 융과 마찬가지로 아들러 역시 프로이트의 정신분석학 태동기에 프로이트의 제자로 함께했던 인물이다. 하지만 무의식의 추동에 있어 리비도를 근간으로 하지 않은 것은 정신분석학으로 인정하지 않던 프로이트에게 개인의 무의식에 내재한 권력의지를 주장하다가 정신분석학 모임에서 쫓겨나는 수모를 당하게 된다. 이후 아들러는 자신의 이론을 발전시켜 '개인심리학individual psychology'을 창시했다.

프로이트와 아들러의 입장 차이는 사실 일부분이 아니라 더 근원적인 지점에서 나뉜다. 인간의 정신세계를 자아, 초자아, 원초아(이드)의 지형적 구조로 파악한 프로이트와 달리 아들러는 인간의 구조는 유기적으로 통합되어 기능하며 또한 인간은 무의식의 추동에 의해 영향을 받는 것이 아니라 스스로의 능동적 의지로 사회적 관계 속에서 자신의 목표를 향해 나아가는 존재라고 보았다. 이런 관점에서 아들러는 인간의 삶이 개인의 목표 실현 과정이자 '의지에 의해 형성되어가는 것'이라 주장하며 자신의 이론을 '개인심리학'이라고 명명했다. 이쯤 되면 이 둘이 언제 헤어져도 그리 이상하지 않을 만큼 아들러의 이론은 프로이트의 이론과 거의 반대로 가고 있다는 생각이 들 정도다.

아들러의 개인심리학에서 '개인individual'은 '나누어질 수 없는in+di-visible' 것으로 아들러는 개인의 행동은 부분적 특징이 아닌 그 개인의 전체로서 통합적으로 이해되어야 한다고 강조한다. 아들러는 열등감을 인간 행동의 목적으로 평가했다. 즉 인간의 행동은 어떤 목적을 지니는데 바로 열등감을 극복하려는 것이라는 주장이다. 아들러는 개인이 자신의 단점인 열등감을 극복하고 완전한 모습을 추구하려는 행동을 인간의 선천적인 의지라고 보았다. 열등감은 인간 모두가 경험하는 것이며 능동적으로 자신의 삶을 이끌어나가는 주된 동기로서 개인은 현재보다 더 나은 삶을 지향하기 때문에 더욱 발전한 자기 모습을 가지려고 노력한다. 그중에서도 특히 어린 시절에 경험한 열등감은 어떤 환상의 목표를 만들게 되고, 그것은 개인의 내부에 중요한 목표로 자리 잡게 된다. 열등감의 크기가 클수록 열등감을 극복하기 위한 환상의 목표도 비례해서 커지기 때문에 궁극적으로 아들러의 개인심리학에서 열등감은 개인이 성장할 수 있는 자원이 된다.

또한 아들러는 인간은 자기 삶을 스스로 평가하고 선택하는 능동적이고 창조적인 존재이지만 어떤 개인도 혼자서는 살아갈 수 없기 때문에 인간은 사회적 관계 속에서 서로 돕고 공헌할 때만 자신의 생의 의미를 확인하고 존재의 가치감을 느낄 수 있다고 단언했다. 아들러는 사회에 관심을 갖는 정도를 평가하는 것으로 개인의 심리 상태를 파악할 수 있는 근거를 삼을 수 있으며 사회적 관심이 결여되고 자신에게만 모든 에너지가 집중되어 있는 상태를 가리켜 "인류 발전의 장애물"이라고까지 말했다. 모든 인간은 사회의 장에서 유기적 관계 맺음을 통해 살아가므로 사회 안에서 이루어지는 행동은 비록 자신의 목표를 향해 추진되는 것이라 해도 공동체의 이익에 기여해야 하며 만약 사회적 이익에 기여하지 못한다면 부적절하다는 것이다.

아들러의 개인심리학에서 개인은 우리 생각보다 훨씬 강한 의지를 지녔으며 아들러에게 인간은 스스로 도약하는 존재다. 아들러는 인간이 출생 환경, 개인의 기질 등에 순응하는 존재가 아니라 자신이 선택한 목표를 향해 운명을 개척하고 창조해나가는 행위자라고 말한다. 따라서 개개인의 환경의 영향은 결코 절대적인 것이 아니며 개인을 이루고 있는 어떤 경험이나 조건들도 다 개인이 마음먹기에 따라 다르게 바라볼 수 있기 때문에 어떠한 이유도 그 자체로 성공이나 실패의 절대적 원인이 될 수 없다는 것이다.

아들러의 개인심리학을 설명하는 핵심 개념은 생활양식life style, 열등감과 우월감, 출생순위, 사회적 관심이다. 이 중에서 개인의 심리적 영향 측면에서 아들러가 열등감만큼 중요하게 다룬 '출생순위'에 대해 살펴보자. 다른 심리학자들과 마찬가지로 아들러 역시 개인의 심리적 영향에 대해 어린 시절에 주목했다. 인간은 어린 시절(5세 무렵까지)의 생활양식을 통해 개인의 고유한 목적성을 추구하게 되는데 이때 형성된 관점으로 외부와 관계 맺는 틀을 형성하게 된다는 것이다. 따라서 개인의 사고와 신념, 삶의 목적, 감정 패턴을 이루는 근간인 생활양식이 잘못 형성된다면 개인에게 여러 가지 심리적 문제를 야기할 수 있다.

아들러는 개인의 성격 형성에서 독특하게도 '출생순위'에 따른 영향을 강조했다. 먼저, 첫째 아이는 출생 시에는 아무 경쟁자가 없는 외동의 위치에서 양육의 지지를 받다가 둘째 아이가 태어남과 동시에 더 이상 부모의 사랑을 독차지하지 못하며 밀려나게 된다. 주목받지 못하는 자신의 위치를 만회하기 위해 첫째 아이는 부모에게 순종적인 행동을 취함으로써 지위를 되찾으려 노력하게 된다. 이러한 이유로 보통 첫째 아이는 책임감이 강하며 사회적으로 적절하게 행동하려는 경향이 강하다.

둘째 아이는 태어나서부터 이미 첫째 아이가 존재하기 때문에 경쟁적 성향을 나타낸다. 첫째 아이보다 적극적으로 자신의 욕구를 어필하며 부모에게 주목받으려고 하는 행동 경향이 있다. 첫째 아이가 못하는 것을 해냄으로써 주변인들의 인정을 받게 되고 이러한 경쟁적 투쟁competitive struggle은 아이의 삶의 태도에도 영향을 주게 된다.

막내 아이는 다른 형제자매들과 달리 박탈을 경험하지 않고 가족들의 귀여움을 받기 때문에 의존적이고 자기중심적인 성향을 가지기 쉽다.

외동 아이는 또래 형제가 없으므로 형제자매가 아닌 아버지를 향해 경쟁심을 갖게 된다. 외동 아이는 타협에 약하고 항상 자신의 욕구를 채우는 것을 당연시하게 되어 자신의 욕구가 좌절되거나 주목받지 못하는 상황에 적응하는 것을 힘들어한다.

아들러 당대와 달리 요즘은 외동 천지인 시대이지만 당장 우리 아이들을 보더라도 아들러의 '출생순위' 이론은 흥미로운 접점이 많다. 물론 '난 둘째라도 저렇지 않은데?' '막내인데 난 독립적인걸?'이라고 생각할 수도 있다. 여기서 중요한 것은 "인간에게는 환경, 기질, 관계에 따른 경향성이 존재하지만 그럼에도 그 경향성에 길들지 말라"는 아들러의 주장이다. 각각의 상황은 개인이 어떻게 의지를 갖는가에 의해 달라진다고 격려하는 것이다.

그렇다면 아들러는 왜 심리에 대해 이런 입장을 갖게 된 것일까? 아들러의 개인심리학은 아들러 자신을 닮아 있다. 시종일관 '개인의 목표와 의지'를 주장하는 그의 개인심리학의 배경에서 아들러 자신의 삶의 태도가 고스란히 엿보이기 때문이다. 아들러는 4남매 중 주목받지 못하는 차남이었으며 어린 시절 병약했고 소아마비를 겪기도 했다. 그에게 삶이란 어떻게 해서든 스스로 자신의 존재를 실현해내고자 노력한 의지의 결과일 것이다. 그렇게나 힘들었던 자기와의 투쟁에서 결국 의사로 성장한 아들러는 자신의 신체적 한계를 극복하고 프로이트의 냉대에도 불구하고 끝내 자신만의 학문을 개척해냈다.

불굴의 의지를 강조한 아들러의 이론은 이후 인간의 잠재력의 한계를 초월적으로 다룬 융의 분석심리학에도 영향을 미쳤고 이후 개인의 심리에서 사회와 환경의 영향을 주목하는 사회심리학에도 영향을 미치게 된다. 아들러가 실현해낸 개인의 의지와 사회적 책임을 다하는 존재는 오늘날 우리에게 충분히 '존중받을 용기'다!

9일

오늘의 키워드

성격

낯가림이 심한 사람들의 내면

멜라니 클라인의 대상관계 이론

#성격 #멜라니 #대상관계_이론 #편집-분열적_자리 #우울적_자리

장기불황이라는 한숨 경기 속에도 꾸준히 늘어나는 간판들이 있다. 집 앞에 있는 복합상가에는 언제부터인가 3층 위로 병원과 학원 상가가 있던 공간에 아동 전문 치료센터가 늘어간다. 언어치료센터가 들어오더니 놀이치료센터가 들어오고 음악치료, 미술치료, 드디어 어제 뇌파치료센터까지 들어왔다. 마냥 즐겁게 놀 나이의 아이들이 치료가 필요하다는 것도 그렇고 이렇게 치료법이 많아진 것도 그렇고, 생각하면 참 씁쓸하다. 그래서 다른 측면으로 해석을 바꿔본다. 예전보다 부모가 아이에게 관심이 많아졌고 조기에 아이를 건강하게 돌보는 방법이 이토록 다양해진 것이라고 말이다. 예전에는 신경 쓰지 않았을 아이의 고통이 이제는 일찍 전문가의 도움을 받을 수 있게 된 것이라고 말이다. 문득 궁금해진다. 아동에 대한 심리치료는 언제 어떻게 시작되었을까?

우리는 앞에서 심리학이 행동을 규명하고 개선하는 연구에서 점차 개인을 이루는 내적 동기의 요인 및 사회관계적 요인을 고려하는 쪽으로 확장되는 과정을 살펴보았다. 여러분이 공감했던 요인은 어떤 것인가? 유전? 환경? 양육형태? 아니면 아들러가 주장한 출생서열? 분트 이후로 다양한 임상 경험과 함께 이전 이론들의 한계를 보완하며 급속하게 발전해나간 심리학은 특히 프로이트 이후 다양한 관점의 이론으로 확장되어 각각의 연구자들을 중심으로 학파를 이루게 된다.

멜라니 클라인Melanie Klein(1882~1960)은 프로이트의 이론을 계승한 연구자로서 그녀가 주목한 대상은 어린아이들이었다. 당시 정신분석은 치료실 의자에 누워 한 시간가량 내담자의 자유연상에 의한 대화분석으로 이루어졌다. 그러나 오래 집중하지 못하는 어린아이의 특성상 이런 딱딱한 치료 환경에 적응하는 것은 무리였다. 아동의 정신분석을 시도한 최초의 연구자인 클라인은 장난감 등의 소품을 활용한 놀이를 분석의 수단으로 이용했다. 성인에 비해 아동은 언어로 자신의 상황을 표현하는 능력이 부족해 자신의 내적 사건들을 자유롭게 구술하는 데 한계가 있었기 때문이다.

클라인은 아이들이 선택하는 장난감이 상징하는 것과 그것을 가지고 노는 환경 속에서 자유롭게 문제 상황을 재현해내고 아이들의 상황을 투사할 수 있다고 생각했다. 그녀는 놀이활동의 과정에서 아이들이 주저하는 행동은 성인이 자신의 억압된 것을 꺼낼 때 망설이는 불안함과 같은 것이라고 여겼다. 그리고 아동이 그런 불안을 표현할 때 달래거나 편들어주는 대신 "지금 자동차를 높이 들고 있는 건 아빠를 던져버리고 싶은 거야?"와 같이 구체적이고 직설적인 표현을 사용했다. 이런 방법이 아이들이 회피하고 은닉하고자 했던 내면의 갈등을 꺼내주는 시도라고 보았던 것이다. 클라인은 아동 각각에 대해 필요한 준비물을 매번 다르게 세팅하고 분석 시간을 규칙화해 아동의 놀이 과정을 관찰하고 반응을 해석하는 것으로 자신만의 이론을 구축했는데 그 과정은 그대로 지금의 놀이치료의 전형이 되었다.

클라인이 이렇게 아동의 특성에 주목해 놀이에 참여하고 능숙하게 분석을 진행할 수 있었던 것은 그녀가 지닌 관록의 자원 덕분이었다. 40세에 정신분석학에 입문한 덕분에 클라인은 이미 자녀의 육아와 양육을 바탕으로 한 아동의 특성에 대한 이해가 충분했다. 프로이트의 계승자로서 클라인은 리비도 이론을 기반으로 아동을 연구했으나 그 과정에서 프로이트가 크게 주목하지 않았던 시기, 즉 오이디푸스기(5세) 이전 유아와 어머니 사이의 관계에 주목했다. 그녀는 오이디푸스 시기 이전에도 유아가 내면에 대상(어머니)을 내사해 유아 자신을 규정하게 된다고 생각했다. 그리고 많은 학자들도 오이디푸스기 이전에 이미 유아는 자신과 관계 맺는 대상에게 영향을 받아 자기를 인식한다는 클라인의 주장에 공감했다. 이들은 클라인과 함께 '대상관계 이론'이라는 학파를 형성하게 되는데, 이 대상관계학파는 현재 정신분석 분파로는 가장 큰 영향을 미치는 정신분석의 패러다임이다.

클라인의 연구의 핵심은 편집-분열적 자리paranoid-schizoid position 이론으로 대표된다. 클라인은 유아는 기존의 정신분석 이론이 주장하는 것보다 훨씬 더 외부 세계에 대한 지각이 있다고 말한다. "태어난 지 한 달밖에 안 된 아기가 뭘 알아?"라고 하는 사람들에게 "아니!"라고 주장하는 것이다. 클라인은 유아의 내적 대상과 내적 대상 세계라는 개념을 통해 유아기 초기에 외부와 맺는 관계를 설명했다. 아직 미숙한 유아는 복잡한 외부작용에서 자신을 보호하기 위해 자신과 대상을 좋은 것과 나쁜 것으로 나누어 받아들인다는 것이다.

예를 들어 갓난아기에게 엄마는 '엄마'라는 전 인격체가 아니라 안겨 있는 '젖가슴'으로 파편화되어 지각된다. 잘 안아주고 배부르게 공급하는 좋은 젖가슴은 만족하는 유아 자신이 되고, 돌봐주지 않고 젖을 주지 않는 가슴은 나쁜 젖가슴과 좌절된 유아 자신이 된다. 아기는 아직 엄마와 자신을 완전히 분리시켜 생각하지 못하기 때문에 젖을 잘 먹고 배가 부른 유아는 만족감을 얻고 이 좋은 젖가슴은 유아가 평생 좋고 이롭다고 느끼는 모든 것들의 원형이 된다. 반면에 욕구를 채워주지 않는 나쁜 젖가슴은 유아를 좌절감으로 몰고 가기 때문에 나쁜 것들을 대표하게 된다. 클라인의 '편집-분열적 자리'라는 이름은 이렇게 좋거나 나쁜 한쪽으로 치우치는 편집적 특징 때문에 편집적으로 분열한다고 해서 붙여진 이론명이며, 편집-분열 자리는 생후 4~5개월 유아의 지각 특성이다.

이후 지속적인 지각발달을 통해 유아는 점차 '젖가슴'이 아닌 엄마 전체로 대상(엄마)과 관계를 형성하게 되면서 편집-분열적 자리에서 '우울적 자리depressive position'로 이동하게 된다. 이 시기는 대략 생후 12~15개월 이후에 해당하는데, 유아는 이때 엄마라는 대상을 전체적인 존재로 지각할 수 있으며 엄마 안에는 안아주고 젖을 주는 좋은 것도 있고 나를 제지하고 야단 치는 좋지 않은 것도 공존한다는 것을 수용할 수 있게 된다. 즉 한 대상 안에 두 가지가 공존할 수 있음을 받아들이고, 의식이 발달해 엄마가 곁에 없어도 이전처럼 바로 겁에 질려 울고 불안해하지 않을 수 있다.

여기에 더해서 이제 유아는 좋은 대상이 보이지 않거나 아픈 모습 등을 보면 자신이 예전에 그 대상을 미워했기 때문이라고 여겨

대상에게 죄책감을 느끼고 걱정하게 된다. 그래서 유아는 대상을 안아주거나 자신의 것을 주는 등 나름 보상하는 행동을 취하기도 한다. 이렇게 아이가 양심의 가책으로 대상을 향해 느끼는 정서적 특성 때문에 이 시기를 '우울적 자리'라고 부른다.

편집-분열적 자리의 정신구조를 지닌 사람은 유아처럼 세상을 보기 때문에 세상을 전적인 좋음all good과 전적인 나쁨all bad으로만 지각한다. 내면에 불안이 많기 때문에 자신을 지키기 위해 이렇게 이분법적으로 구분하는 것이다. 이 편집증적인 분열의 자리보다 발달한 우울적 자리는 보다 성숙한 형태이며 한 개인의 일생에 걸쳐 점차 발달해나간다.

멜라니 클라인은 양육자가 생애 초기 유아의 편집-분열적 자리에서의 불안, 파괴의 욕동을 잘 담아주는 환경을 마련해줄 수 있어야 한다고 설명한다. 그 과정을 통해 유아는 정서적으로 잘 발달해 우울적 자리로 이동할 수 있으며 외부 세상의 대상들을 이해하고 자신의 불안을 다룰 수 있는 능력을 갖게 된다는 것이다. 인간은 생애 내내 상황에 따라 이 두 자리를 지속적으로 오가며 경험한다고 한다.

클라인의 이론을 바탕으로 생각해보면 누군가의 공격적이고 강박적인 행동 뒤에는 그 사람의 힘으로는 담기 힘든 공포나 불안한 상황이 있을 수 있다. 그 사람이 대상의 상황을 이해할 수 있는 성숙한 우울적 자리로 이동하기 위해서는 그의 마음을 잘 담아주는 '양육자'가 필요하다. 그런데 관계 맺음에서 꾸준한 지지와 교류를 기대하기 어려운 요즘 같은 사회구조에서는 우울적 자리로 이동할 자원이 갈수록 빈약해지는 것 같아 안타깝다.

처음 간 어떤 장소에서 누군가 유난히 텃세를 부리고 편 가르기를 하는 바람에 상처받은 일이 있다면 그 사람의 내면에 있던 불안한 아이를 만난 것일 수도 있다. 아이들은 예민해서 낯선 사람이 나타나면 악을 쓰고 거부하지만 조금만 익숙해지면 한없이 살갑게 팔을 벌리고 안겨 온다. 낯선 곳에서 사람들의 냉대에 하루하루가 힘든 이에게 클라인은 이렇게 말할 것이다. 원래 사람들의 초기 모습엔 낯선 것에 대한 공격심이 들어 있으니 내가 싫어서가 아니라 그들 나름의 본능을 표현하고 있는 것이라고. 내가 아닌 누가 여기 있다 해도 그렇게 했을 테니 조금만 더 참아보라고. 나보다 더 낯선 사람이 나타나는 순간 나는 그들의 동지가 되기 마련이라고. 사람은 그래서 오래 봐야 한다고.

10일

오늘의 키워드

귀신

밤마다 귀신이 무서운 어른들

로널드 페어베언의
객체관계 이론

#페어베언 #프로이트 #객체관계_이론 #귀신

중학생부터 대학생까지 우리 집에는 폭넓은 학령대의 아이들이 있다. 나이가 다르면 분명 관심을 가지는 수준도 다를 텐데 어찌 된 일인지 텔레비전 보는 수준은 똑같아서 매주 목요일이 되면 시청자가 경험한 '괴담'을 재연하는 TV 프로그램 앞에 집결해 있다. 사실 그 가운데는 나도 끼어 있다. 보고 나면 찜찜하고 말도 안 된다고 욕하면서도 나는 왜 괴담을 끊지 못하는 걸까? 흰 소복을 입고 긴 머리를 산발한 〈전설의 고향〉의 한결같은 귀신 외모는 대체 왜 모든 세대를 막론한 공포의 전형인 것일까? 어째서 하나같이 악귀는 음울하고 어둡고 불가항력의 기운으로 묘사되는 것일까?

여기서 소개할 로널드 페어베언William Ronald Dodd Fairbairn(1899~1964)의 이론이 그 이유를 어느 정도 밝혀줄 수 있을 듯하다. 페어베언은 우리 모두의 내면에는 저마다의 유령이 자리 잡고 있다고 말한다. 좋아하지도, 원한 적도 없는 유령을 우리가 어쩌다 다 가지게 되었다는 것일까? 이 질문에 대한 설명에는 심리학의 발달 과정이 함축되어 있다.

심리학 초기에는 심리의 동기를 행동과 보상으로, 사회의 영향으로, 그리고 이후에는 자기 내면의 충동으로 이해하다가 클라인 이후로 그 방향을 '대상'으로 전환해가고 있었다. 로널드 페어베언은 한 개인의 성격을 대상과의 초기 관계 패턴으로 바라보는 '대상관계 이론'의 틀에서 벗어나 독자적 관점에서 그 근본 동기를 구체화했다. 1930년대의 심리학은 프로이트의 딸로서 정통성을 인정받는 안나 프로이트Anna Freud 중심의 '신프로이트학파Neo-Freudian discipline*'와 프로이트의 리비도를 유아가 양육자와 맺는 초기 관계의 비중으로 재해석한 멜라니 클라인 주축의 '대상관계학파'로 정신분석이 나뉘어 있었다. 페어베언은 멜라니 클라인이 주축인 학회에서 정신분석 훈련

* 프로이트의 정신분석학파 내에서 공부했으나 주요 이론에 있어 입장을 달리한 학자들을 일컫는다.

을 받았으나 당시 두 학파 간의 논쟁으로부터 거리를 두고 있었다.

페어베언은 프로이트의 이론에 대한 근본적인 문제의식의 발로로 자신의 임상을 기반으로 한 논문을 써냈다. 프로이트는 유아를 자신의 본능적 에너지를 충족하려는 존재로, 그리고 리비도를 그 본능을 충족하려는 생리적 에너지로 설명했는데, 페어베언이 바라본 유아의 기본 동기는 생리적 충족이 아닌 대상과 연결되고자 하는 욕망이었다. 쉽게 말해 아기는 먹고 싸는 충족감에서 만족을 느끼기보다 따뜻하게 안겨 있는 데서 만족을 구한다는 것이다.

페어베언에 따르면 유아는 자신의 욕구를 충족시켜줄 존재로 타인을 '필요로' 하는 것이 아니라 대상과의 상호작용 자체를 추구하는 존재이므로 한 인간의 본질은 곧 그 사람이 중요한 사람들과 맺는 관계에서 형성된다. 그러므로 한 사람의 성격은 유아기 초기에 형성한 대상관계들이 내면화된 구조적 틀이라 할 수 있다. 뿐만 아니라 페어베언은 유아기에 맺은 대상들과의 관계는 나중에 유아가 성장한 이후 맺는 모든 관계의 원형이 된다고 보았다. 선택의 여지가 없는 유아의 주위 관계로 인해 유아의 성격은 물론 평생 관계 패턴까지 형성된다니! 페어베언의 절대적 관계 이론에 나는 살짝 반발심도 들고 기억이 전무한 그 시절에 누굴 만났는지 다 알 수도 없으니 무섭게 들리기까지 한다. 그렇다면 무슨 근거로 페어베언은 이런 주장을 할 수 있었던 것일까?

페어베언의 주장은 그가 경험한 내담자와의 임상 과정에서 마주한 질문에서 비롯되었다. 프로이트의 정신분석학 이론에서는 인간의 기본적 본능이 욕구를 충족하고자 하는 것이라고 설명한다. 페어베언은 그것을 충족하지 못해 마음에 억압된 것이 '증상'이라면 왜 사람들은 억압하는 대상이 사라진 이후에도 자신이 눌려왔던 욕구를 따르지 않고 여전히 자신들의 삶에서 억압을 지속시키는지 의문을 품었다. 또 프로이트의 이론에 의하면 대상에게로 향했으나 (안 받아줘서 좌절되거나) 철수된 에너지는 다시 자기 자신에게로 되돌아온다고 했다. 페어베언은 대상에게 만족을 구하고자 하는 것이 우리 본능이라면 어째서 또 다른 대상을 찾아 계속 그 본능을 추구하려 하지 않고 다시 자신에게로 되돌린다는 것인지에 대해서도 의문을 가졌다.

페어베언이 임상적으로 관찰한 바에 따르면 부모에게 학대당한 아이는 고통을 피해 자신에게 친절한 대상을 찾으려고 하지 않고 오히려 자신을 학대한 부모에게 더 매달리고 애착을 표현하고 의존하는 모습을 보였다. 그는 학대받은 아동이 자신을 학대한 부모에게 더욱 강한 유대를 형성하고 강한 애착을 보이는 것은 프로이트의 이론으로 설명되지 않는다고 생각했다. 페어베언에 의하면, 생존을 위해 불가피하게 부모에게 의존할 수밖에 없는 아이가 자신을 돌보는 양육자를 나쁘게 받아들인다면 삶이 너무나 공포스럽고 힘들어지기 때문에 실제로는 나쁜 대상인 부모에 대한 마음을 내면에 깊숙이 비밀로만 간직한다. 외부에 있는 나쁜 부모를 마음 저 밑으로 숨긴 아이는 이제 앞에 있는 부모를 '괜찮다'고 스스로에게 인식시키려고 한다. 이런 심리구조를 지니게 된 아동은 자신의 고통을 부정하고자 부모에게 더 충성심을 보이고 아무렇지 않은 척 대처한다. 그러나 이후 학대를 내재화한 아동이 주변인들과 관계를 형성하는 과정에서도 지속적으로 자신이 힘들어지는 상황을 선택하는 것을 보면서 페어베언은 아동의 초기 관계의 경험은 성인이 된 이후에도 동일한 관계 패턴으로 반복될 수 있다고 생각했다.

페어베언은 병리적 상태의 사람들이 스스로 내면화한 '나쁜 대상'의 경험을 벗어나지 못하고 현실에서도 계속 이어가는 것으로 보고 그들의 내부에 있는 대상들을 파악해나갔다. 그는 이런 관계 형성 패턴이 어린 시절 고통에 대해 형성한 '방어기제'와 밀접하게 관계가 있다고 보았다. 양육에 의존할 수밖에 없는 아이들은 나쁜 양육자가 자신을 아프게 하거나 괴로움을 방임하거나 지속적으로 불편을 끼칠 때 자신이 겪는 고통을 내면에 하나의 상으로 표상한다는 것이다. 검고 거대한 마귀일 수도 있고, 빨갛고 뾰족한 흉기일 수도 있는 제각각의 표상들이 시시때때로 자신에게 닥친다는 것은 힘없는 아이들의 입장에서는 너무나 큰 공포일 것이다. 아이는 스스로 자신을 지킬 능력도 없고 외부의 대상에게서 벗어나기 위해 무엇도

할 수 없다는 사실 때문에 그 절망적인 상황에서 자신을 지키기 위한 유일한 방법으로 나쁜 고통을 차라리 마음속에 가두어 내면화한다. 그럼으로써 그 나쁜 대상은 '외부에는 존재하지 않게' 된다.

너무나 슬픈 얘기이지만 아이들은 나쁜 대상일지언정 자신을 돌봐줄 대상이 아예 없는 것보다는 그런 존재라도 곁에 있기를 원한다. 문제는 우리가 앞에서 본 프로이트의 가설에 의하면 내면에 억압된 것은 반드시 되돌아온다는 것이다. 페어베언은 아이가 내재화한 표상들은 아이의 내부에서 사라지지 않고 무의식에서 어두운 욕망, 자책, 유령 그 자체로 아이를 계속 따라다닌다고 보았다. 그런 이유로 페어베언은 프로이트가 말한 죽음 본능(타나토스)을 인정하지 않았다. 우리 안에 따로 죽음을 향한 본능이란 존재하지 않으며, 파괴적인 힘, 공격성이란 우리가 스스로 가둔 내적 표상들의 작용이라고 주장했다.

우리 안에는 모두 저마다 무서워하는 괴물이 있다. 그 괴물은 때로는 악몽에 출현하는 귀신의 모습이기도 하고 스스로 깜짝깜짝 놀라게 되는 자신의 공격성이기도 하다. 여러분이 세상에서 제일 무서워하는 것은 무엇인가? 그것이 무엇이든 페어베언은 언젠가 우리 스스로가 무서운 외부에서 살아남기 위해 예전에 만들어놓은 자신의 작품이라고 말한다. 그리고 그렇게 무서운 것을 만들어놓아야 할 만큼 힘들었던 시기를 그 유령 덕분에(?) 지날 수 있었던 것이라고 다

독인다.

그러나 페어베언은 학대받은 아동에 대한 평생에 걸친 연구를 통해 많은 경우 나중에까지 그 학대 상황을 재현하고 사는 것을 목도하게 되었다. 그는 그 이유가 그들이 내부에 두려움을 숨기고 외부의 다른 대상으로 불안을 희석시킨 과거의 경험을 재현하기 때문이라고 보았고, 그래서 상담에서 그들이 숨겨둔 유령들의 정체가 허상임을 깨달을 수 있도록 하는 안전한 양육자의 중요성을 주장했다. 끔찍한 유령의 공포로부터의 자유는 스스로 그 공포를 끊어내고자 하는 개인의 의지에서 비롯된다. 페어베언은 현재 자꾸 반복되는 힘든 문제는 아주 예전에 만들어둔 불안이라는 유령을 지금까지 바깥으로 던지지 않았기 때문일 뿐이며, 이제 당신은 얼마든지 좋은 관계들 속에서 그 낡은 유령을 멀리 던져버릴 수 있다고 말한다.

11일

오늘의 키워드

불안

왜 하루 종일 손을 씻어도 찝찝한 걸까?

해리 스택 설리번의 대인관계 심리학

#설리번 #대인관계 #불안 #자아정체성

멜라니 클라인 이후 심리학에서는 개인의 발달에 있어 주 요인을 프로이트의 유아의 생물학적인 욕구인 리비도에서 유아가 관계 맺는 대상들로 전환하여 주목한다. 이런 흐름 속에서 미국의 정신의학자 해리 스택 설리번Harry Stack Sullivan(1892~1949)은 프로이트가 환자의 증상을 개인의 내면에 억압된 무의식적 충동과 소망으로 해석하는 것을 비판하는 입장이었다. 설리번은 환자의 증상은 그들의 대인관계 맥락에 기초하기 때문에 현재의 대인관계 맥락을 파악하지 않으면 그것을 제대로 이해할 수 없다고 생각해 '대인관계 정신분석 interpersonal psychoananlisis'을 주창했다. 앞서 살펴본 페어베언의 심리이론은 유아기에 형성된 대상관계가 이후 성인기까지 계속 반복되는 원형이 된다는 결정론적 입장이라 그것이 곧 그에 대한 비판점이 되었다. 페어베언에 비해 설리번은 성격구조에서 개인이 관여한 과거와 현재까지 전 시점의 관계를 고려하는 입장이다.

즉 설리번은 한 개인의 성격은 어떤 시점에 국한해서 그것만으로 판단하거나 정의할 수 없으며 그가 형성해온 대인관계의 맥락을 입체적으로 고려해야 한다고 말한다. 그렇기에 설리번의 임상 분석 태도 역시 기존의 정신분석 임상 환경과 차별성을 보인다. 기존 분석실에서의 관례는 상담가가 치료 과정에서 주도적으로 개입하는 것이 아니라 환자의 뒤편에서 그의 이야기를 들어주고 간간이 대화의 연결을 위해 질문을 던지는 안내자로서 객관적 분석에 주력했다면, 이제 설리번에 이르러 분석가는 내담자와 관계를 형성하는 자원으로서 역동적으로 치료 관계에 참여한다. 개인의 성격은 관계를 통해 그 체계가 형성된다는 그의 주장은 그대로 진료 상황에 적용되어 상담가가 내담자와 긍정적인 관계 맺기에 주력하는 '대인관계 치료'가 되었다.

설리번 이전 19~20세기 초 정신분열증에 대한 시각은 타인들과 교류가 불가능한, 치료할 수 없다는 입장이 지배적이었다. 당시 정신의학계에 지배적 영향을 미치고 있던 독일의 정신의학자 에밀 크레펠린Emil Kraepelin은 정신분열을 신경이 갈수록 망가져 결국 정신이 황폐화되는 치료 불가한 '조발성 치매'로 보았고 프로이트 역시 정신분열을 자기 체계가 와해되어 타인과 의사소통이 불가한 상태로 규정했으나, 설리번은 자신의 임상에서 경험한 환자들을 통해 이런 기존의 입장이 적합하지 않다고 보았다. 설리번은 정신분열증을 앓고 있는 내담자들을 관찰하면서 그들의 병리적 요인에 유아기에 부모와의 관계에서 받아들이기 힘든 모순적 상황들이 있었음을 발견하고 그들이 어린 시절 양육자와 형성해온 소통방식에 주목했다. 즉 개인의 병리적 증상에는 유아 초기 주변인들과의 대인관계적 이상 요인이 중요하게 영향을 미친다고 생각한 것이다.

설리번은 유아기에 유아가 양육자와 애착관계를 형성하는 과정에서 부모의 성격, 양육환경 등의 이유로 안정적 관계가 형성되지 못하면 외부의 돌봄에 의지할 수밖에 없는 유아는 예민하게 그 불안을 느끼게 되고, 이후 그 불안에 방어하기 위한 나름의 행동들로 반응을 보이게 된다고 보았고, 사람들과의 관계에 소극적이거나 신경질적이고 예민하게 반응하거나 집착하는 행동 등의 이면에는 나름 불안을 회피하고자 하는 의도가 있다는 것을 파악하게 된다.

불안은 설리번의 이론에서 개인의 성격과 병리적 특성을 이해하는 데 매우 중요한 개념이다. 설리번은 특히 우리 내면에 있는 불안을 두려움과 구별해 주목했는데, 두려움은 아이 자신의 느낌에서 지각되는 것이다. 배고픔, 추위, 불편함 등을 스스로 해결할 수 없는 아이는 그런 상황에서 위축된 긴장을 경험한다. 그런 긴장 속에서 아이는 두려움에 울음을 터뜨리고 곧 보호를 받으면서 두려움을 잠재울 수 있지만 불안은 두려움과 양상이 다르다. 불안은 양육자에게 온통 의존하고 있는 아이가 양육자와 연결된 감정에서 비롯된다. 양육자와 공감하며 아이는 양육자가 가진 불안의 기운을 그대로 흡수하게 된다. 양육자가 불안해하지 않고 편안한 마음을 유지하고 있을 때 아이 역시 안락을 느끼지만 그 반대의 경우 아이가 경험하는 불안은 가라앉지 않는 어두운 기운 그 자체로 아이는 스스로 그것을 잠재울 수도 달랠 수도 없다. 그런 불안한 상황에서는 먹여주거나 안아주는 외적 돌봄에도 아이는 편안한 안정을 느끼지 못한다.

설리번은 아이들이 주위 사람들을 단 두 가지 관계로 구별한다고 말한다. 바로 불안을 주는 관계와 편안함을 주는 관계다. 유아는 외부 대상이 몇 명인지, 아빠인지 할머니인지 삼촌인지 구별할 수 없으므로 이 두 가지로 대상을 받아들이고 점차 발달이 진행되면서 두 가지 그룹으로 사람들을 파악하기 시작한다. 나를 편안하게 해줄 사람인지 불안하게 할 사람인지 나름의 기준으로 대상들의 특징을 통해 구분한다. 아이들이 어떤 사람 앞에서는 얼굴만 봐도 난리를 치며 울고불고하는데 다른 사람에게는 아무렇지 않게 안기는 것을 겪어본 사람이라면 유아 나름의 구별법이 있다는 것이 이해가 될 것이다.

이렇게 대상을 구분하는 단계에서 아이는 이제 자신의 행동을 통해 대상을 조절하는 단계로 나아가는데, 자신이 어떤 행동을 하는가에 따라 양육자가 초조해할 수도 있고 환하게 웃을 수도 있다는 것을 깨달은 아이는 자신의 행동을 어느 한쪽으로 발달시키게 된다. 그런데 이때 아이에게 가장 혼란을 주는 양육자는 그 반응이 일관적이지 않은 모순적인 사람들이다. 어른들도 이랬다저랬다 장단 맞추기 어려운 사람을 만나면 일단 피하려고 하는데 아이에게는 이 상황이 얼마나 혼란할까? 이런 어려운 상황에서의 불안은 아이가 상대에 맞춰 계속 자신을 변형시키게 하고 이로 인해 아이가 자신을 표현하는 방식에도 영향을 받아 일관된 자신을 경험하지 못하게 된다. '자아정체성'이 형성될 수 없는 것이다. 아이를 불안하게 하는 양육자에 의해 아이는 사고가 경직되고 자아의 혼란을 경험하게 된다.

아이가 경험하는 불안의 강도는 이후 불안에 노출될 때도 영향을 미친다는 점에서 중요하다. 불안이 증폭되면 사람들은 과거의 불안한 상황에서 선택했던 패턴으로 자신을 숨겨버리는데 강박증에서 보이는 반복적 행동이나 인간관계에서 지속적으로 경험하는 갈등의 패턴도 개인이 어린 시절부터 형성해온 불안에 대한 방어적 행동들을 재현하는 것이라고 설리번은 말한다.

언젠가부터 산간오지 '자연' 속에서 쓱쓱 캐서 먹고 마시고 살아가는 혼자 사는 사람들의 삶을 소개하는 TV 프로그램이 인기다. 이 프로그램의 신기한 특징은 어딜 가나 비슷한 다 거기서 거기인 듯한 옹색한 산속 생활을 별 제작비도 들이지 않고 보여주는 것 같은데도 사람들(98퍼센트 이상이 남자들이라고 확신한다)은 마치 홀린 듯이 온종일 비슷한 화면에 내내 몰입한다는 것이다. 유독 남자들이 더 방송에 중독(?)된 것처럼 보이는 이유는 우리 사회의 환경이 남자들에게 더 의무와 책임을 강요하는 경직된 구조이기 때문이 아닌가 싶다. 사회관계의 긴장과 불안으로부터 자유로워지고 싶은 마음이 혈혈단신 산간오지로 찾아 들어간 자연인들을 보며 대리만족되는 것일 수도 있다. 그러나 방송에 나오는 자연인은 외부에서 그들의 삶을 찾아온 출연자들을 보면 한결같이 반가움에 온갖 자연물로 그들 나름의 진수성찬을 베풀기를 마다하지 않는다.

이것은 설리번이 인간의 본능이라 말하는 우리의 애착 연결본능을 시사하는 부분이다. 설리번은 인간에게는 언제나 어떤 상황에서도 타인과 새로운 경험을 통해 관계 맺고자 하는 욕구가 있기 때문에 우리가 주변 사람들과 관계를 맺는 한 주변 관계에 따라, 또래 친구를 통해, 긴밀한 지인들과의 연결을 통해 우리는 스스로 만든 프레임을 깨뜨리고 새로운 틀로 도약할 수 있음을 말해준다.

이런 이유로 설리번은 임상 현장에서 환자의 근원적 불안을 담아주는 양육자의 역할을 실천했다. 그는 환자의 이야기를 존중하고 지지하는 상담으로 환자의 불안을 담아주었다. 개인의 불안한 성격은 이렇게 담아주는 관계 속에서 성숙해진다는 그의 신념은 유년기에 성격구조가 결정되어 그 구조가 지속된다는 입장의 프로이트의 정신분석학에 보다 능동적인 치료의 가능성을 열어주었다. 설리번은 그간 치료가 불가한 영역으로 인식되어온 조현병(정신분열)에 대해서도 환자들의 '대인관계적 맥락'을 고려해 환자들이 증상 안에서 보여주는 맥락을 파악하고 그 근원의 정서를 이해하려는 노력으로 현재의 임상치료의 가능성을 열어주었다.

또한 그의 중요한 공헌 중 하나는 '강박증' 환자들에 대한 임상연구를 발전시킨 것이다. 프로이트는 강박증을 배변훈련 시기에 (과한 스트레스에) 고착된 가학적인 경향성으로 설명했지만 설리번은 기존의 가학, 권력욕 등으로 특정 지워진 강박증을 개인이 극심한 불안을 피하고자 선택한 자기 체계로 보았고 그들이 어린 시절 편안하지 않은 가정, 즉 불안을 느끼게 하는 부모들에게 양육되었음을 밝혀냈다. 환자들의 증상은 그들이 불안을 피해 불안상황을 통제하고자 몰두한 안전장치라는 것이다. 설리번은 환자들이 현재의 삶에서 반복하고 있는 관계패턴 속에서 환자들이 회피하고자 한 본질적인 것들을 깨닫게 함으로써 진정한 안정감에 다가갈수 있도록 해주었다.

이러한 설리번의 임상적 토대는 이후 치료자와 내담자 간의 딱딱한 임상환경을 개선하고 심인성 병증의 치료를 발전시켜 오늘날까지 심리치료에 큰 양분이 되고 있다.

12일

오늘의 키워드

중간 존재

아이들의 애착물건을 더럽다고 버리면 안 되는 이유

도널드 위니캇의
참자기 거짓 자기

#위니콧 #애착물건 #전능감 #성취감 #중간경험 #중간대상 #대상_사용

초등학교 때부터 강아지와 함께 살았던 나로서는 '길냥이(길고양이)'를 입양해 집사가 된 지 4년 차가 된 지금도 온갖 시중을 다 들어줘도 애교는커녕 불러도 꿈쩍 안 하는 우리 집 고양이만큼 냉정한 녀석이 있을까 싶다. 살가움을 기대할 수 없는 새침한 고양이의 태도에 배은망덕하다는 생각이 들다가도 이따금 생각지도 못한 포인트에서 한 번씩 몸을 비벼주는 느닷없는 애교를 선물받으면 그 순간 모든 원망이 사라지고 마음이 녹아내리곤 한다. 집사 신분으로서 제일 감지덕지하는 순간은 고양이가 애착끈을 가지고 놀아달라고 나를 빤히 바라볼 때인데, 소중한 보물인 양 끈을 하얀 두 발 사이에 끼우고 몸통으로 깔고 앉아 있는 모습을 보면 뻔히 제 이름을 알아들으면서 불러도 무시한 것도, 밥만 열심히 먹고 예뻐서 쓰다듬으려면 쌩하고 도망간 것도, 비싼 가방만 골라서 제 발톱 가는 데 쓴 것도 다 잊고 열심히 놀아주게 된다.

애착끈이 뭐라고 제 몸처럼 챙기고 앉아 있는 모습을 보면 늘 안쓰럽고 기특하다. 아이를 양육해본 엄마들은 아이들에게도 이렇게 애착을 보이는 물건이 하나씩 있다는 것을 알 것이다. 주로 부드러운 천으로 만든 솜인형이나 베개 혹은 어릴 때 덮던 이불 귀퉁이 같은 것들이다. 아이들은 특히 잘 때나 엄마가 없을 때 애착물건에 의지하는데 대부분 애착물건들은 사랑을 받은 만큼 낡고 너덜너덜한 외양 탓에 엄마로서는 제발 버렸으면 하는 애물단지로 여겨지기도 한다.

그러나 도널드 위니콧Donald Winnicott(1896~1971)은 아동의 건강한 내적 정서에 그런 애착물이 매우 중요한 역할을 한다고 말한다. 위니콧은 클라인과 매우 가깝게 지냈던 동료 중 한 명으로 그의 대상에 대한 이론은 유아의 독특한 특성들에 주목한다. 아동의 발달에서 양육자의 보살핌은 두말할 필요 없이 중요한 요인이다. 그런데 소아과 의사였던 위니콧은 아픈 아이들과 그들의 보호자를 보면서 아이가 주관적 전능감과 객관적 현실 사이에서 스스로 정체성을 형성하려면 양육자의 태도가 적절해야 한다고 주의를 준다. 위니콧은 양육자가 아이의 자율성을 침범해 다 해주거나 선택에 개입하면 오히려 아이 스스로 만끽하고 충족해야 할 주관적 전능감이 훼손되어 아이 자신의 참된 감각을 발견하지 못하고 타인들의 기대와 자극에만 의존하는 거짓 자기의 삶을 살게 된다고 말한다. 자기 감각을 지닌 사람이 되기 위해서는 자신의 고유한 경험 속에서 스스로 해석된 전능함을 유지해야 하는데, 객관적으로는 미성숙한 행동일지라도 그것을 관철시킴으로써 얻게 되는 아이의 성취감은 주관적 전능감 형성에 매우 필수적이라는 것이다.

엘리베이터 안에서 종종 부모에게 안긴 아이가 몸통을 비틀어 엘리베이터의 숫자 버튼을 향해 손가락을 뻗치는 모습을 볼 수 있다. 아이들은 그 힘겨운 천지창조 같은 액션으로 버튼을 눌러 불이 들어오는 것을 본 순간 세상을 다 가진 듯 뿌듯한 표정이 된다. 버튼을 직접 누르는 목적을 완수해낸 아이는 전능감에 도취된 상태다. 아이는 객관적으로는 부모에게 안겨 있는 미숙한 자신의 현실과 그럼에도 불구하고 무엇을 성취해낸 주관적 전능감 사이에서 중간경험transitional experience이라 불리는 것을 경험하게 된다. 아주 어린 유아에게 자신과 대상과의 사이를 충족시켜주는 것은 장난감, '쪽쪽이'라 불리는 고무젖꼭지, 분유병 같은 것이다. 유아는 그것이 자기 것인지 아닌지는 정확히 모르지만 그 대상들의 사용에 익숙해지면서 그것이 자신과 외부의 중간에 있는 것들이며 잠시만 가질 수 있고 곧 엄마가 가져가버린다는 것을 깨닫고는 스스로의 전능감을 유지하고자 오래 향유할 수 있는 다른 대상을 찾게 되는데 그것이 바로 유아가 한없이 애착을 쏟게 되는 인형이나 베개 같은 것이다. 이것을 위니콧은 중간대상transitional object이라 불렀다. 아이들은 이 중간대상을 통해 외부의 불안한 요소들로부터 자신을 방어하고 위안을 찾게 된다.

그러므로 부모는 아이의 마음에 이렇게 중요한 지지대가 되어주는 중간대상을 소중하게 생각해야 한다. 중간대상은 아이들의 불안을 달래주는 것은 물론 이후 타인과 자신을 연결하는 다리 역할로 아이를 안내하기 때문이다. 위니콧은 아이 양육에서의 중간대상에 주목해 상담 환경에서도 분석가의 중간대상적 역할을 강조했다. 그는 유아의 공격성을 다루며 대상 사용object usage이라는 개념을 도입했다. 주관적 전능감 안에 있는 유아는 대상을 질겅질겅 씹기도 하고 뱉기도 하며 난폭하게 다룬다. 자신의 욕구를 충족시키는 과정에서 눈앞의 대상을 마음대로 사용하고 공격하는 것이다. 대상은 유아의 이러한 사용을 견뎌낼 수 있어야 한다. 젖을 빨고 있는 아이는 배가 부르면 뱉고 물기도 하는데 그렇다고 아이를 밀어내고 혼낸다면 아이는 이후 죄책감이나 두려움을 갖게 되고 대상을 편하게 누리지 못한다. 자신의 전능감을 만끽하지 못한 아이는 좌절된 전능감의 욕망을 그대로 외부에 집중하게 된다. 그 결과로 아이는 자신의 욕구를 억제하고 현실적인 상황에 타협하는 성인이 된다. 아이는 대상을 사용하는 과정에서 넉넉하게 사용을 담아주는 돌봄을 통해 자기라는 주관의 감각을 찾아가게 되는데 대상의 지나친 제재나 방임은 아이의 욕망을 좌절시켜 결국 아이가 자신의 진정한 욕망을 알 수 없게 만든다. 이 과정에서 아이 내면에 참자기true self와 거짓 자기false self로의 분열이 일어난다.

위니콧은 개인의 심리 문제가 자신의 주관성이 좌절되어버리는 내적 분열에서 비롯된다고 보았다. 즉 그 원인이 끔찍한 학대나 외상을 남긴 사건 자체에 있는 것이 아니라 아이가 경험을 형성하는 과정에서 보이는 양육자의 태도가 중요하다는 것이다. 이처럼 아이가 초기에 주관적 경험을 통해 전능감을 획득하는 데 실패한 것이 심리적인 문제를 야기한다고 보았기에 위니콧은 분석 상황에서는 환자가 전능감을 좌절당한 시점으로 퇴행하는 것을 허용한다. 또한 상담가는 내담자가 유아기에 상실한 감각을 분석 상황에서 찾을 수 있도록 내담자의 상한 마음과 원래의 욕구를 잘 드러내게 안내하고 그것을 안아주고 담아주는 좋은 양육자의 역할을 담당해야 한다고 주장한다.

이에 따라 위니콧의 분석은 내담자의 요구를 잘 들어주는 방향으로 이루어졌다. 상담시간과 환경은 내담자가 전능감을 경험할 수 있도록 직접 정하게 했고 내담자가 오는 시간에 맞추어 문을 열어주는 등 세부적인 것에서도 내담자가 충분히 좋은 양육자의 역할을 경험하게 해주려고 노력했다.

요즘은 성형으로 감쪽같이 얼굴을 바꿀 수 있는 세상이지만 얼굴에 있는 고유의 기운은 바꿀 수 없다. 도널드 위니콧의 사진을 보면 '중간 역할'이 어떤 것인지 직관으로 느낄 수 있을 것이다. 마음을 푹 놓게 하는 따뜻한 위로와 지지를 담은 그의 눈빛은 우리 주위에 있는 고마운 존재들을 떠올리게 한다. 부모님과 불화가 첨예한 사춘기 시절 날카로운 마음을 달래준 학원선생님, 친구들과 갈등이 심해 학교를 그만둬버릴까 하는 때 매일 등하굣길을 함께해준 교회친구, 비어 있는 썰렁한 집에 들어가기 전에 출출했던 속을 든든하게 채워주었던 떡볶이가게 아주머니 등 우리는 나를 담아준 수많은 중간 존재들 속에서 '참된 나'를 형성해간다.

진실한 만남을 찾기도, 이어가기도 어렵다고들 한다. 모두가 진정성 있는 참된 만남을 원하는데 왜 실제 삶에서는 그런 만남을 찾기가 점점 힘들어질까? SNS에는 가짜뉴스 천지고, 걸려오는 낯선 전화는 보이스피싱일까 겁이 나서 받지도 못한다. 친한 친구가 하는 말도 사실인가 싶어 인터넷을 검색해 확인하는 마당에 나 역시도 타인에게는 민낯으로 대하기 어려운 대상일 수 있다. 위니콧은 우리가 이렇게 의심 속에 살아가는 이유는 우리 삶에 점점 중간대상이 없어지고 있어서라고 할지도 모른다. 좋은 '남'은 내 곁에 있는 사람의 짐을 먼저 챙겨주고 마음을 들어주고 허기를 채워줄 수 있는 좋은 '나'로부터 시작된다.

13일

오늘의 키워드

걱정

걱정을 한다고 걱정이 없어지면 걱정이 없겠네

월프레드 비온의 담아주기와 담기기

#비온 #직관 #담아주기 #비온의_좌표

인사발령으로 새로운 곳으로 전출 예정인 옆자리 동료가 늘 먹던 아이스 아메리카노 대신 바닐라 라떼를 주문한다. 오후엔 계속 술 생각이 난다며 회식을 부추긴다. 이럴 때 우리가 의심해볼 수 있는 것이 바로 '스트레스'다. 결국 그 동료는 그날 종일 직원들 서랍 안에 있던 단 것들을 죄 얻어 먹고, 저녁에는 원대로 회식을 하고, 대리운전 대신 엄살을 부려 굳이 귀찮다는 배우자를 불러서 귀가를 했다. 동료가 차에 타기 전 누군가가 물었다. "스트레스는 다 풀렸어?" 동료는 환하게 웃으며 대답했다. "아까 대화할 때 다 풀었지." 누구도 그 말을 의심하지 않았다.

누구나 부정적인 일을 마주하면 그것에 지배당하지 않기 위해 나름의 방법을 찾는다. 귀가 뜨거워지도록 지인들과 통화를 하기도 하고, 술을 마시거나 쇼핑을 하기도 한다. 그리고 자신이 택한 그런 방법들 안에서 적어도 어느 정도는 '아까보다 좀 낫네!' 하는 마음을 갖게 된다. 그렇다면 여기에서 '나아진 것'은 무엇 때문일까? 외부에서 닥친 피동적인 나쁜 것에 대해 내 주관의 의지를 통해 '원하는 무엇을 했다!'는 전능감에서 기인한 것일까? 아니면 내 의지로 선택한 보상 때문인 것일까?

앞의 동료 이야기로 돌아가 보면 그 동료의 불안하고 초조한 부정적인 감정이 나아진 것은 바닐라 라떼와 술 때문일까? 자신의 제안대로 된 결과일까? 이 질문이 나름 중요하다고 생각하는 이유는 우리가 너무 쉽게 당면한 문제점들을 환원시키는 경향이 있기 때문이다. 남자 친구 혹은 여자 친구와의 관계에서 상처를 받았다고 그것을 다른 상대를 만나는 것으로 보상하거나 회사에서 기분 나쁜 일을 겪었다고 쇼핑을 하는 것이 그런 경우다. 부정적 경험이나 정신적 피로를 술이나 담배, 게임, 육체적 만남에 의존해 푸는 것은 말 그대로 고통을 다른 것으로 환원하는 것일 뿐이다. 그런 경우 문제의 본질은 고스란히 남는다. 즉각적인 행동의 치환에서는 같은 패턴만이 남을 뿐 발달은 없다.

대상관계 심리학자인 윌프레드 비온Wilfred Ruprecht Bion(1897~1979)은 "용감한 사람만이 자신의 비겁함을 알 수 있다"는 어록을 남겼다. 이 말은 프로이트 정신분석의 구조적 한계를 넘어서고 클라인의 '투사적 동일시' 개념을 이어가면서도 자신만의 독특한 지점의 이론을 확립한 비온의 사상을 상징적으로 나타내는 말이기도 하다. 비온은 우리를 괴롭게 하는 힘든 감정을 마주하지 않고 다른 대상에 투사하는 것으로는 늘 그 자리일 뿐 발전할 수 없다고 말한다. 즉 당면한 문제들을 자신 안에서 생각함으로써 다음 단계로 가는 출구를 찾게 되고 그런 과정을 통해 점진적으로 자신의 가치를 더 자신답게 한다는 것이다. 나를 고통스럽게 한 것을 단순히 잊으려 애쓰거나 상대의 잘못으로 일축하고 서둘러 희망을 찾는 데 급급하기보다는 고통을 직면하고 그 본질을 나 자신과 연관해 생각해보는 과정이 필요하다는 것이다.

그런데 이 과정이 말처럼 쉬운가? 가슴에 피멍이 들어서 그 기억 언저리만 떠올려도 마음이 아픈데, 몸이 떨리고 눈물이 쏟아지는데, 화가 솟구쳐서 감당이 안 되는데. 그래서 비온은 감당하기 힘든 감정들로 괴로울 때 마음을 '담아주는 대상'이 중요하다고 강조한다. 우리는 나를 담아주는 대상에게 나의 고통을 토로하고 그 대상의 공간 속에서 괜찮다는 위안, 안정감을 회복할 수 있다. 그로 인해 다스러기 힘들었던 불안의 파장이 좀 누그러지면 그때 우리가 할 일이 바로 생각이다. 곰곰이 돌이켜보는 일, 그리고 앞으로 다시 선택할 때 고려해야 할 것들을 그때 스스로 볼 수 있게 된다. 그렇기 때문에 분석가는 대상의 막막한 심정을 '묵묵히' 담아주는 존재라면 이미 충분하다고 비온은 말한다.

프로이트의 정신분석학 이래로 정신분석 상황에서 상담가에게 강조되어온 '객관적' 분석 기법은 비온에 이르러 대상을 향한 '직관의 자질'이라는 새로운 관점으로 방향이 전환된다. 비온은 멜라니 클라인의 대상관계 이론으로 분석 과정을 수련했지만 대상관계 이론 안에서 그만의 독특한 개념을 파생시켰다. 그 고유한 개념이란 바로 비온을 대표하는 'O'다. 비온의 'O'는 존재에게 있어 궁극적인 진리다. 'O'는 이성으로 흡수하는 지식이 아닌 직관의 알아차림이다. 어떤 사태에 직면했을 때 지식과 경험적 판단을 통해 어떻게 해결할까, 어떻게 제안할까의 관점으로 문제를 바라보는 것이 아니라 투명한 직관으로 알아차리는 능력이다. 직관은 진리를 느끼는 것이다. 비온에게 분석이란 정보를 종합하고 판단을 통해 정리한 해석이 아니라 대상의 불확실성의 세계인 직관으로 들어가는 것이고 이를 통해 대상의 내면을 분석하지 않고 있는 그대로 담아주는 것이다.

비온이 'O' 개념을 주장한 것은 그의 생애와 관련이 있을 것으로 추측된다. 비온은 1897년 영국인 부모하에서 태어나 인도에서 8년간 성장했다. 비온의 부모는 어렵게 학비를 마련해 비온에게 제도권 교육을 받게 했는데 상위과정으로 가는 교육적 통과의례를 거칠 때마다 비온은 매번 열등감을 느꼈다. 1905년 8세가 되던 해 비온은 영국으로 이주해 10년간 본토에서 학업을 이어갔다. 새로운 학업 환경에 잘 적응하지 못한 비온은 '게임'으로 숨어들었고 이런 그에 대해 어른들은 조소적인 태도를 보였다. 이는 비온이 어머니와 어른들을 어두운 내적 대상으로 투사시키는 동기가 되었고 그는 집단에서 늘 동떨어진 모습을 보였다.

이후 제1차 세계대전에 참전해 동료들과 생사를 나누는 경험 속에서 비온은 자기 자신과 인간의 본성에 대해 깊이 통찰하게 된다. 이때 비온은 자신을 그간 고통스럽게 한 내면의 열등감과 분노가 사실은 감추고 차단할 것이 아니라 자신의 한 부분이자 자원이라는 것을 깨닫고 늘 나쁜 대상으로 치부한 어머니에 대한 증오가 자기 내면의 두려움의 실체라고 생각하게 된다. 불안과 고통의 원인이 외부가 아니라 자신 안에 만들어둔 내적 대상에 있다고 본 것이다. 이런 이유로 비온은 자기 자신을 직면함에서 깨달은 통찰 없이는 개인의 근원적 괴로움은 늘 제자리에 머문다고 말한다.

비온은 대상관계학파에서 개인의 발달상 중요하게 여기는 유아기에 집중해 개인의 근원적 불안과 괴로움의 형성을 설명한다. 그는 유아에게 긍정적 정서를 체험하는 알파 요소와 유아 내부에서 배척된 감정인 베타 요소가 있다고 보았다. 배척된 것은 유아가 내부에서 하나의 정서로 감내하기 어려운 파편화된 감정들이기 때문에 유아 스스로 처리할 수 없어 외부로 투사된다. 이때 현명한 양육자는 유아가 담아내지 못한 내적 공포와 불안을 잘 담아주고 안전한 것으로 유아에게 되돌려준다. 유아 스스로 절대 감내할 수 없는 원초적 공포와 고통은 아이들을 울게 한다. 아기들은 잠드는 무서움에 울고, 잠에서 깬 혼미함에 울고, 대소변을 싸고는 그 축축함과 따가움에 울고, 곁에 아무도 없는 한기에도 운다. 이때 아이의 울음 속에 가득한 고통을 달래주고 담아주고 아이를 편안하게 해주는 것으로 아이와 양육자는 서로의 감정을 공유하며 직관적인 소통을 하게 된다.

그런데 만약 유아와 양육자 간의 투사적 동일시의 과정에서 양육자가 유아에게 담아주기 역할을 잘 못한다면? 유아의 고통과 불안을 방치하거나 더 괴로운 상태로 남겨둔다면? 유아는 외부 세계를 안전하지 못한 고통으로 내사해 그 부정적 감정과 사투를 벌이게 된다. 이때 유아는 자기 자신에 대한 건강한 존재감을 형성하지 못하고 타격을 입게 된다. 상담가는 해결되지 않은 개인의 이 원초적 베타 요소를 적절히 담아주는 역할을 함으로써 내담자가 손상을 견뎌내고 존재감을 회복할 수 있도록 하는 역할을 한다. 이 과정에서 상담가와 내담자는 자신의 'O'를 향해 나아갈 수 있다.

담아내기와 견뎌내기는 비온에게 독창적이고 중요한 개념이다.

자신의 내면에 갇혀버린 사람들은 언제나 그 근원적인 무언가를 찾아 해결하고자 하는 갈증을 느끼게 된다. 그 근원적인 나, 나의 진리를 비온은 'O'라고 부른다. 우리는 관계 속에서 서로를 담아줄 수 있고 그 담김으로 자신만의 고통을 감내할, 견딜 만한 사고의 힘을 갖게 된다. 그런 과정에서 우리의 관계는 'O'를 향해 서로를 성장시키는 그릇이 된다. 주위에 그런 관계가 없을 때 우리는 상담가를 찾을 수 있고 상담가는 그때 내담자의 불안을 안아주고 담아준다. 상담이 성공적이라면 내담자는 자신의 불안을 사고하고 마주할 힘을 갖게 된다. 이로써 내담자는 더 이상 불안과 공포를 다른 즉각적인 행위로 환원하려고 애쓰지 않아도 된다.

자신의 두려움은 자신 안에 있음을 깨달았기에 비온은 외부에서 오는 권력과 명예에 휘둘리지 않고자 영국정신분석학회장이라는 직책을 마친 이후 캘리포니아로 이주했다. '회장'으로서의 명예욕 역시 자기 외부에 있는 욕망일 뿐 자신의 본질이 아니었기 때문이다. 비온은 이후 상담가로서 생애 내내 그랬듯이 상담 안에서 내담자와 자신의 성장을 위한 연구에만 매진했다.

비온의 개념들은 언뜻 융만큼이나 초월적인 인간의 의지를 말하고 있는 듯 느껴진다. 그래서 클라인학파는 비온의 후기 개념들을 아예 이론으로 받아들이지 않았다. 그러나 융이 자신의 주장을 이론적으로 정교화해 MBTI의 틀을 다진 것처럼 비온 역시 정신증 환자와 집단의 사고 과정을 연구해 그 사고의 성장을 입체화할 수 있는 '좌표'라는 체계화된 검증도구를 마련했다. 비온의 좌표란 개개인의 파편적인 단서들을 통해 사고의 사용, 사고의 생성, 개개인이 표현하는 파편화된 단서 속에서 신화적 요소를 검증하는 도구로서, 관계 안에서 개인의 잠재성이 성장의 방향으로 나아가고 있는지 아니면 오히려 부정적으로 변질되고 있는지 검증할 수 있는 틀로서도 기능한다.

비온을 공부할 때 나는 이전에 딱히 흠잡을 수 없다는 이유로 사랑하지도 그렇다고 싫다고 말할 수도 없었던 애매했던 관계에 대해 생각해보았다. 말 그대로 흠잡을 것이 없었음에도 왜 좋아할 수가 없었을까? 당시에는 그 근원적 이유를 알지 못했다. 친구관계가 아닌 사귀는 상대에게 내가 어느 정도 기대했던 '담아주기'가 그 관계에서 형성되지 못했던 것이 그 이유였던 것 같다. 친밀한 사이라는 생각에 내가 때때로 내 불안을 담아주기를 기대했던 상대가 나보다 더 흥분하거나 사태부터 따지고 드니 내 입장에서는 나와 다른 차원에서 사태를 바라보는 상대에게 거리감을 느끼게 됐던 것 같다. 상대방도 나에 대해 마찬가지였기에 둘의 관계는 과정이 그랬듯이 결말 또한 어떤 성숙도 애도도 없이 그렇게 지워진 듯하다.

사태를 판단하는 상대에게서 우리는 어느 순간 멀어지게 된다. 상대가 나와 친밀할수록 거리감과 함께 상처도 동반된다. 비온의 성찰을 통해 지금 내 주위에서 나를 담아주는 사람들의 감사함을 새삼 느낀다. 그리고 아쉬움이 남는 몇몇 지난 관계의 문제를 이제는 반복하지 않을 용기를 얻는다.

14일

오늘의 키워드

자아

갈수록 철드는 대기만성 유형들의 공통점

에릭 에릭슨의 성격심리학

#범죄 #표리부동 #에릭슨 #성격심리학 #자아심리학 #발달과업

내 연구분야는 언어적 특성에 주목해 개인과 사회의 정신병리적인 증상을 설명하고자 하는 것이다. 그러다 보니 유독 병리적인 내용을 다룬 장르에 관심이 많아 <표리부동>이라는 프로그램을 몰아 보게 되었다. 범죄 프로파일러 표창원, 이수정 씨가 각각 다른 관점에서 국민적 공분을 샀던 총 8건의 범죄를 해석하고 패널들과 이야기하는 입체적인 진행방식도 몰입의 이유였지만, 프로그램 제목에서 어필한 대로 두 프로파일러의 '다른 기준'에 대해 생각해보는 것

또한 흥미로웠다. 그런데 막상 방송에서 내세운 '다른 관점'이란 범죄자의 여죄 가능성이나 공범 여부 등에 관한 일부 견해 차이 정도였고 오히려 더 부각된 것은 범죄자에 대한 둘의 공통된 문제의식이었다. 대부분 20년도 더 지난 사건들임에도 다시 언급하기조차 떨리는 흉악한 사건들의 주범에 대해 프로파일러들은 매회 그들의 공통된 한 가지 특성을 언급한다. 바로 '자기중심성'이다.

들여다보면 모든 나쁜 행동에는 제각각 나름의 이유가 있다. "어린 시절에 너무 가난해서 돈이 없다 보니 사람들에게 무시당해서 부자들에게 반발심이 생겼다", "학대하는 부모 밑에서 맞고 자라다 보니 자신도 어느새 그렇게 자식들에게 폭력을 가하게 되었다", "여자한테 배신당한 기억으로 여자들을 못 믿게 돼서 집착하고 괴롭혔다" 등이다. 그렇다고 잘못이 용인되는 것은 아니지만 듣는 순간에는 언뜻 '이래서 환경이 중요하구나!' 하며 일순 환경 때문에 그들이 그렇게 된 것처럼 생각되기도 한다.

그러나 전문가들의 의견은 절대 그렇지 않다는 것이다. 전문가들은 그런 이유를 말하는 자체가 흉악 범죄자들의 일관된 사고 패턴이라고 주장한다. 모든 것을 자신에게 유리하게 합리화시켜 해석하기 때문에 엄연히 있는 사회적 기준을 무시하고 약속을 지키지 않으며 다른 사람의 권리를 침범하고 빼앗아간다는 것이다. 그렇게 살고 싶지 않았으나 '○○ 때문'에 어쩔 수 없이 그렇게 된 것이라며 기승전 '사회 탓, 학교 탓, 부모 탓, 친구 탓'을 하는 것이 그들의 삶의 방식인 셈이다.

사실 원망하는 마음, 남을 탓하고 싶은 마음은 우리 모두에게 있다. 그리고 우리도 쉽게 남 탓을 한다. 지각했을 때는 눈앞에서 그냥 가버린 버스를 탓하고, 시험에 떨어졌을 때는 운을 탓하고, 성적이 낮게 나오면 교수의 차별이 심하다고 탓한다. 그렇지만 우리가 범죄자가 되지 않는 이유는 남 탓을 하면서도 사실 우리는 알고 있기 때문이다. 결국 내가 나 자신을 위해 더 나은 선택을 할 수 있었다는 것을! 다음에 같은 결과가 반복되지 않으려면 '내 행동'이 바뀌어야 한다는 것을 알고 있고 그것을 위해 노력한다. 남이 아니라 내 것으로 문제를 인식하는 순간 나는 내 삶을 책임지는 주체가 된다.

생리적 욕구 중심에서 인간의 내면 동기를 파악하던 심리학은 대상관계의 영향에 주목하게 되면서 인간의 발달을 어린 시기에 한정 짓던 시각 또한 전 생애적인 측면으로 확장한다. 또한 전 생애적 발달에서 삶을 결정하는 가장 중요한 요인으로 개인의 의지를 강조하는 학자들이 부상했는데, 이들의 학풍을 '자아심리학'이라 일컫는다.

자아심리학자들은 인간을 자기 의지에 의해 어떤 환경에서도 한계에 속박당하지 않고 창조적으로 상황을 재해석할 수 있는 존재로 보았다. 그리고 능동적으로 자신을 세워가는 자아의 힘에 주목했다. 유아는 무언가를 스스로 선택할 능력이 없기에 양육자의 절대적 영향을 받을 수밖에 없지만 점차 성장하면서 자신의 주관을 갖게 된다. 외부의 다양한 관계들 속에서, 사회적 환경의 자극 속에서 자신의 선택에 따라 좋아하는 가치는 취하고 힘든 것은 버릴 수 있게 된다. 이런 호불호는 제각각 본인만의 의지에 따라 다르기 때문에 같은 환경에서 성장하더라도 개인들이 영위하는 삶은 다 다를 수 있다. 에릭 에릭슨Erik H. Erikson(1902~1994)은 인간의 잠재성을 양육환경과 주변 관계 그리고 개인의 의지에 따라 유년기에서 노년에 이르기까지 일평생 언제든 피어날 수 있는 가능성으로 열어둔 현대 자아심리학의 거장이다.

에릭슨은 우리는 평생에 걸쳐 여러 시기를 겪어내면서 성장하고 그 각각의 시기마다 개인들은 그 안에서 해내야 하는 과업이 있다고 보았다. 예를 들면 유아기에는 건강하게 먹고 싸고 기어 다니고 걸어 다니는 것이 그 단계의 주요 과업이다. 이런 과업을 이루기 위해 유아는 잔병치레 속에 입이 헐고 엉덩이가 짓물러도 먹고 싸며 고통을 이겨내고 엉거주춤 일어나 엉덩방아를 찧으면서도 결국 걸을 수 있게 된다. 이후 점차 커나갈수록 자신이 지켜야 할 규칙들을 이해하고 주변 사람을 흉내 내며 수많은 시행착오 속에 점점 정확한 의사소통 능력을 획득해낸다. 또한 또래관계에 섞여서, 집단 안에서 시시비비를 겪으면서 자신의 역할을 해내는 과업도 통과해내야 한다.

에릭슨은 출생 이후로 평생 개인이 겪는 각각의 단계에서 위기를 통과한 사람은 자신에 대한 긍정적 성격을 형성하고 다음 단계로 발전해나갈 수 있지만 그 단계에 머물러 있거나 강압에 못 이겨 끌려가면 자신에 대해 부정적 성격특성을 나타낸다고 보았다. 이렇게 개인의 자아가 평생에 걸쳐 완성되는 것으로 보고 에릭슨은 인간의 발달단계를 출생부터 노년에 이르기까지 심리사회적인 발달 과정의 총 8단계로 구분해 이론으로 정리했다.

심리사회적 8단계는 신뢰감 대 불신감, 자율성 대 의심 및 수치심, 솔선성 대 죄책감, 근면성 대 열등감, 자아정체감 대 정체감 혼미, 친밀감 대 고립감, 생산성 대 침체성, 자아통합 대 절망감으로 전 생애 관점으로 성격의 발달을 설명한 것이다. 생의 각 단계의 과업에서 각각의 위기를 잘 수행해내고 못 해냄에 따라 인간의 성격은 각 단계의 긍정적 특성과 부정적 특성으로(○○ 대 ○○) 양극적인 모습을 보이게 된다. 에릭슨은 과업수행에 영향을 주는 요인을 아동의 주된 양육자인 주변 대상과의 관계맥락뿐만이 아니라 개인에게 영향을 미치는 모든 문화·사회적 요인까지 아울러 고려했다.

'인간의 발달은 평생 일어나며, 개인의 삶에는 매 순간 중요한 요인들이 있고 인생에서 너무 늦은 시기란 없다'는 에릭슨의 전 생애 발달 이론은 그의 생을 모델로 한 살아있는 신념과도 같다. 에릭슨의 생애는 변화와 혼돈 자체 속에서의 발달이라고 봐도 무방할 정도다. 덴마크인인 어머니는 에릭슨이 태어나기도 전에 남편과 헤어지고(에릭슨의 친부가 정확히 누군지 모른다는 기록도 있다) 이후 독일로 건너가 홀로 에릭슨을 낳고 3년 뒤 재혼한다. 이후 에릭슨은 덴마크인인 자신과 너무나 이질적인 유대인 계부하에서 계부의 성을 따라 생활하며 학창 시절 내내 유대인 집단의 동기들 사이에서 따돌림을 겪었다. 계부와도 거리를 두고 또래에게서도 유대감을 느끼지 못하던 그는 제1차 세계대전 당시 자신이 성장해온 터전인 독일과 자기 혈통의 기원인 덴마크 사이에서 자신에 대한 정체성의 혼란으로 번민하게 된다.

학교성적으로는 크게 주목받지 못했으나 문학과 철학, 심리 등에 관심이 깊었던 에릭슨은 고등학교를 졸업한 이후 대학에 진학하지 않고 여행을 다니며 자신에 대한 이해에 치중하던 중, 빈에서 프로이트의 딸인 안나 프로이트를 만나게 된다. 이때부터 정신분석학에 몰입하게 된 에릭슨은 1927년 25세의 나이로 정신분석학을 강의하기에 이른다. 고졸 학력임에도 1933년 빈정신분석연구소의 회원으로 교사 자격을 취득하고 이후 미국 여러 대학에 초빙되어 정신분석학을 강의했으며, 1939년 계부의 성인 홈부르거를 버리고 에릭슨으로 개명한 이후 내내 강의와 함께 《아동기와 사회Childhood and Society》(1950) 《자아정체감: 청년과 위기Identity: Youth and Crisis》(1968)와 같은 현재까지도 정신분석의 고전으로 평가받는 정신분석서는 물론 퓰리처상을 수상한 《비폭력의 기원: 간디의 정신분석Gandhi's Truth: On the Origin of Militant Nonviolence》(1969) 등의 저술활동을 통해 정신분석사에 기여했다.

담담한듯 이어지는 연보 속에서 한 줄 한 줄마다 처절하게 자신의 정체성에 대해 고민했을 에릭슨의 모습이 연상된다. 그 누구보다 에릭슨 스스로가 자신을 증명하고자 걸어나간 삶으로 인해 현대 심리학은 인간의 성장 가능성을 삶의 전 시기로 확장하게 되었다. 그가 생애 내내 노력을 다해 증명해낸 '자아의 힘'은 현재 사회에서 개인을 바라보는 가치의 기반이 되고 있다. 에릭슨은 개인이 살아가는 동안 사회와 문화의 틀은 그가 직접 속한 가족을 벗어나 많은 잠재성을 일깨우는 기능을 하며 개인은 발달을 통해 자신의 의미를 발견하고 그런 성장을 통해 다시 그 사회에 긍정적인 역할을 할 수 있다고 주장한다.

에릭슨의 자아심리학에 대한 개인적인 존경은 그가 중년과 노년을 설명한 부분에서 더욱 고조된다. 에릭슨은 중년의 시기를 생산성과 침체 사이에서 성숙을 이루어가는 시기라고 밝히고 있다. 자신이 가진 능력을 주위를 배려하고 돌보는 선한 영향으로 도모함으로써 '사회적 생산력'을 발휘하라는 에릭슨의 말은 누구보다 아름다운 중년의 상像을 안내하기 때문이다. 우리의 현재는 과거에 틀 지워진 것이 아니며 세상에 참여하는 모든 순간에 우리는 새로운 변화를 실현할 수 있는 새로운 존재로 성장할 수 있음을 에릭슨은 자신의 삶을 통해 확인시켜주었다. 지금 당신을 찍어누르고 있는 틀들은 무엇인가? 이래서 안 된다고, 저것 때문에 안 될 거라고 스스로를 가둔 틀에 눌려 있다면 그 틀을 걷어내고 다음 단계로 나아가라. 에릭슨의 8단계 발달모형은 당신이 지금 어디쯤에 머물러 있는지 그리고 어느 단계로 나아가야 하는지를 안내할 것이다.

15일

오늘의 키워드

여성성

왜 여자는 남자의 미래일까?

카렌 호나이의
신프로이트학파

#파우스트 #신프로이트학파 #카렌_호나이 #문화와_양육 #방어기제

살면서 한두 번쯤 들어봤을 고전 중《파우스트》라는 작품이 있다. 괴테Johann Wolfgang von Goethe(1749~1832)의 대표 작품《파우스트》는 사실 방대한 분량이나 온통 시로 이루어진 문체 때문에 끝까지 읽기 쉽지 않다. 나 또한 몇 번 읽으려고 시도는 했으나 문장이 죽죽 읽히지 않아서 매번《수학의 정석》처럼 앞부분만 보다가 포기하고, 끝말잇기 게임처럼 괴테 하면《파우스트》,《파우스트》하면 선과 악 사이의 갈등적 존재, 악마는 메피스토펠레스, 그레트헨은 지고지

순한 여인의 상징, 이런 식의 마구잡이 연결 정도의 수준으로 타협하고 말았다.

그러나 삶에는 대충 넘어간 것은 꼭 다시 돌아온다는 희한한 법칙이 있는 듯하다. 지난 학기 세미나 발표주제가 하필 《파우스트》에서 종종 인용되는 유명한 문장 "영원히 여성적인 것이 우리를 구원한다"여서 나는 그 옛날보다 훨씬 성능이 떨어지는 머리로 방대한 책의 분량을 욕하며 《파우스트》를 결국 읽어냈다.

25세에 집필하기 시작해 죽기 직전인 82세에야 완성했다는 《파우스트》는 장장 57년이라는 집필 기간에 걸쳐 탄생한 괴테의 삶 전체를 현현한 작품이다. 파우스트의 영혼을 취하려고 하는 악마 메피스토펠레스를 향한 "인간은 노력하는 한 방황한다"* 라는 신의 말이나 파우스트가 승천할 때 "언제나 갈망하며 애쓰는 자, 그를 우리는 구원할 수 있다"는 천사의 대사 등 《파우스트》의 주옥같은 문장들은 괴테 자신의 인간관이었을 것이다. 괴테는 작품 속에서 강렬히 자신의 욕망을 꿈꾸면서도 또 세속적 욕망과 내면의 양심 사이에서 무너지고 실수하지만 그 속에서 다시 일어나 자신을 찾아가는 인간을 긍정적으로 그리고 있다.

늙어서 쇠약해진 파우스트는 악마와 거래를 하게 된다. 회춘한

* 요한 볼프강 괴테, 정서웅 역, 세계문학전집 파우스트1, 민음사.

파우스트는 이제 악마의 전폭적인 시중을 받으며 쾌락을 즐기기만 하면 된다. 거래란 그 향락이 지겨워서 쾌락이 권태로워지면 한 문장만 말하고* 악마에게 끌려가 그의 종이 되는 것이다. 파우스트는 악마의 장단으로 순수한 처녀 그레트헨을 사랑하게 된다. 그러나 악마의 계략으로 파우스트는 시비 끝에 그레트헨의 오빠를 죽이고, 그레트헨으로 하여금 그녀의 어머니를 죽이게 하고 자신이 낳은 아이도 살해하게 하는 지경에 이른다.

감옥에 갇힌 그레트헨은 그러나 자신을 망가뜨린 파우스트를 탓하지 않고 자신의 죗값을 치르며 신께 용서를 구하고 죽음을 택한다. 그레트헨이 떠난 이후에도 세속적 욕망을 취해 방황하던 파우스트는 결국 세속적 쾌락의 덧없음을 이해하고 진실한 삶의 의미를 찾고자 한다. 그리고 그 의미를 깨달은 순간 악마와 거래한 금기의 말을 실수로 내뱉고 만다. 파우스트는 악마에 의해 영혼이 끌려가게 되는데, 그레트헨이 신에게 은총을 구해 그의 영혼은 천사들의 인도를 받게 된다. 이때 천사들의 노래가 바로 "언제나 갈망하며 애쓰는 자, 그를 우리는 구원할 수 있다"이고, 그렇게 구원받은 파우스트와 그레트헨이 하늘에서 재회하는 마지막을 장식하는 노래가 "여성적인 것이 우리를 구원한다"라는 아름다운 문장이다. 이때의 여성적인

* "시간아 멈추어라, 너는 정말 아름답구나."

것은 '여자만이 가진 것'이라기보다 용서하고 품고 보살피는 능력, 즉 진실한 사랑의 능력으로 이해할 수도 있고 성모마리아의 자애로운 모성에 대한 숭배를 의미할 수도 있다.

카렌 호나이Karen Horney(1885~1952)는 독일 태생의 여성 정신분석학자로서 남성의 부권을 중심으로 해석해온 기존 정신분석학의 틀을 깨고, 괴테가 《파우스트》에서 노래한 '여성적인 특성'과 같은 관점으로 여성성을 연구했다. 호나이는 프로이트의 히스테리 이론은 남성의 부권에 억압된 여성의 소망을 남근선망으로만 이해했다고 보았고, 남성의 발달 과정에 치우친 프로이트의 이론에 대해 남자들 또한 여자들을 동경하는 '자궁선망womb envy'이 있다고 주장했다.* 호나이는 남성은 여성의 임신과 수유 등 양육 능력을 선망하지만 자신에게 불가능한 능력이기에 대신 사회적 영역에서 능력을 증명하고자 자신의 남성성을 사회적 지위나 업적 같은 사회적 힘으로 증명하려 하며, 여성은 그 여성적인 능력 자체로 존중받을 수 있기에 남자들은 여성에 대해 원초적 동경심을 가진다고 보았다.

호나이는 그러나 남성과 여성의 성역할은 사회문화적 환경에 의해 영향을 받게 된다는 관점에서 각각 다른 사회구조와 문화에 따라 '성'역할의 양상은 달라질 수 있다고 생각했다. 즉 '젠더'는 사회

* 카렌 호나이, 정명진 역, 나는 내가 분석한다, 부글북스, 81~85쪽 참고.

가 요구한 틀에 의한 것으로 가부장적 문화에 고착된 성역할은 개선되어야 한다는 입장이었다. 또한 신경증이 프로이트가 주장한 오이디푸스기를 거치며 형성된다고 보는 기존의 입장* 을 부정하고, 신경증은 모든 인간이 갖는 기본 불안basic anxiety의 형태이나 양육 과정에서 안정과 애정을 충분히 경험하면 최소화되고, 그 반대의 환경에서 양육될 경우 강화된다고 설명했다. 즉 불안정하고 냉담한 양육을 받는 아이는 본능적으로 사랑받고자 하는 욕구가 커지고 그 욕구가 충족되지 않기 때문에 불안감, 불안정함이 더 심해져 신경증적 경향성을 나타낸다는 것이다.

호나이는 임상에서 만난 환자들을 통해 어린 시절 불안전한 양육환경을 경험할 때마다 그 상황으로부터 도피하고자 선택하는 행동 패턴을 크게 3가지 신경증의 경향으로 구분했다. 사람들에게 섞여 인정받으려는 순응 경향Compliance과 지배적인 공격성으로 우위를 차지하려는 공격적 경향Aggression, 그리고 사람들로부터 떨어져 있으

* 남자아이는 최초의 애착 대상인 엄마에게 자신이 가장 소중한 존재이며 자신과 엄마는 연결된 존재라고 생각한다. 그런데 어느 순간 엄마에게 자신 외에 또 다른 중요한 대상이 있다는 것을 인지하게 되는데 그 대상(아빠)에게 처음엔 강한 적대감을 느끼게 된다. 그러나 점차 그 대상이 자신보다 훨씬 강력한 힘을 가졌으며 그의 세상에 있는 체계를 받아들여야 된다는 것을 깨닫고 적대감을 포기한 아이는 이제 아버지의 권위를 받아들이고 엄마가 아니라 아버지와 자신을 동일시하며 남성성을 학습해간다. 프로이트는 이 시기를 4~5세경으로 생각하고 셰익스피어의 비극 《햄릿》의 햄릿과 오이디푸스 왕을 빗대어 '오이디푸스기'라고 명명했으며, 인간의 정신적 구조는 '오이디푸스기'의 좌절을 통해 '아버지의 법'에 종속된 '신경증'의 구조에서 출발한다고 보았다. 그런 이유로 사람들은 무엇에 대한 규칙(법)을 지키고 따르는 타자의 '법'에 영향을 받게 된다. 신경증이 과해서 병리화된 상태는 무엇을 해야 한다는 규칙과 체계에 과도하게 잠식된 상태다. 타인에게 늘 규칙을 강요하는 사람은 오이디푸스기에 고착된 상태라서 해야만 하는 원칙이 부정될 때 혼란에 빠져 두려움과 불안이 심해진다.

려는 회피적 경향Withdrawal이 그것이다. 호나이의 이런 주장은 신경증에 대해 '받아들이기 힘든 특정 사건을 경험한 개인이 그 사건으로 인해 정신적 문제를 일으킨 것'으로 바라보던 당시 정신분석가들의 입장과는 다른 것이었다.

호나이는 어떤 사건에 의해 정신적 이상이 발생했다 해도 이미 이전의 유아기에 불안으로부터 형성된 욕구로 인해 신경증적 패턴이 형성되었기 때문이라고 생각했다. 따라서 신경증적 경향을 이해하려면 유년기 이전에 지각했던 부모의 양육 태도(실제 당시 부모의 의도와는 다르더라도)에 집중해야 한다고 말했다. 또한 어린 시절에 형성한 관계 양식에 기초해 호나이는 개인의 성격특성을 10가지 욕구*로 구분했는데, 이는 개인이 성격 안의 욕구를 객관화하고 자신과 타인들의 행동 동기를 이해할 수 있는 자료가 되고 있다.

알프레트 아들러와 함께 신프로이트학파를 형성하고 이후 나치의 영향에서 벗어나 미국으로 이주해 정신분석학자 해리 스택 설리번과 에리히 프롬과 친분을 맺으며 정신분석학과 여성주의에 지대한 영향을 끼친 호나이의 학문적 영감은 엄격하고 가부장적인 권위로 자신과 오빠에게 차별적인 양육 태도를 보인 아버지로부터 비롯

* 1. 애정과 인정에 대한 욕구 2. 파트너에 대한 독점 욕구 3. 사회인정에 대한 욕구 4. 인격적인 존경에 대한 욕구 5. 힘(권력)에 대한 욕구 6. 타인을 이용하려는 욕구 7. 성취에 대한 욕구 8. 자족과 독립에 대한 욕구 9. 완벽에 대한 욕구 10. 은둔에 대한 욕구.

되었다고 볼 수 있다. 가부장적인 가장의 지배와 남아선호 분위기 속에서 늘 자신을 열등하게 생각했던 호나이는 이후 자신의 열등감에서 비롯된 우울감은 결국 사회체제의 구조적 문제 때문이라고 생각했다. 그래서 호나이는 스스로 그 체제를 깨뜨리고 여성의 입학에 엄격했던 의대에 진학했고, 사회와 문화적 환경의 영향에 입각해 남성성과 여성성이 충분히 다르게 해석될 수 있다고 주장했으며 또한 프로이트의 신경증에 대해서도 기존 본능의 원인이 아닌 문화환경적 원인으로 설명할 수 있었다.

불안과 소외, 신경증, 성 등 당시 호나이가 주목한 연구주제는 지금도 모두 중요한 이슈들이다. 요즘은 남성과 여성이 서로 대립적 시각에서 상대의 성을 비판을 목적으로 일부러 왜곡해서 부각하는 일이 빈번하다. 앞에서 괴테가 말한 '여성적인 것'은 어느 한쪽의 성을 찬양한 것이 아니다. 진정한 남자인 괴테가 동경한 여성성은 결국 남성성과 여성성이 함께 조화롭게 기능할 수 있도록 모두의 능력을 다 인정하고 담아낼 수 있는 포용력 그 자체일 것이다.

오늘의 키워드

착시

벚꽃의 꽃말은 중간고사

막스 베르트하이머의 게슈탈트 심리학

#형태주의 #베르트하이머 #연상 #전경 #배경

봄에 사랑을 시작한 커플에게는 '찬란한 희망', 새벽길을 청소하는 사람에게는 '애꿎은 일감', 계절성 알레르기가 있는 사람에게는 '지독한 비염', 중·고등학생들에게는 '중간고사'로 기억되는 꽃말의 주인공은 바로 '벚꽃'이다. 같은 벚꽃을 바라보지만 떠올리는 꽃말은 다 다른 셈이다. 그런 것이 어디 벚꽃뿐일까? 우리가 떠올리는 사물은 저마다 다른 의미를 담고 있다.

우리는 어떤 대상을 떠올릴 때 그 대상에 대한 전체적인 특징을 연상하게 된다. 그런데 놀라운 것은 우리 각자의 주관적 관념에 따라 그 대상의 특징은 저마다 다를 수 있다는 것이다. 예를 들어 여러 명의 동료나 친구들과 있을 때 "고양이"라고 외친다면 "어디어디?" 하며 반색을 하는 사람, 당장이라도 피할 기세로 겁을 먹고 물러서는 사람, 불쾌한 표정으로 손에 있는 것을 던지기라도 할 듯 공격적인 모습을 취하는 사람 등 한 단어에 대한 사람들의 반응은 제각각이다.

이렇게 같은 대상인데도 반응이 다른 이유는 우리가 어떤 대상을 지각할 때 그 특성을 현재 보이는 객관적 정보로 판단하는 것이 아니라 그것에 대해 경험했던 이전의 전체적인 특징으로 파악하기 때문이다. 우리의 지각체계는 일단 익숙한 것을 선호한다. 매번 눈앞의 대상을 새로운 관점으로 파악하려면 지각활동에 따른 에너지가 많이 소모되기도 하고 대상을 볼 때마다 다르게 지각해야 한다면 늘 긴장해야 하기 때문이다. 이런 이유로 우리는 대상을 파악할 때 이전에 형성한 일정한 특징을 떠올려 인식하는 패턴을 지니게 된다. 그리고 대상에 대해 형성해온 개인의 인식 패턴은 사람마다 다를 수 있다.

실제로 나는 학기 초마다 학생들에게 우리가 서로 얼마나 다양한 시각을 가지고 있는지 알려주고자 키워드를 제시하고 연상 릴레이를 해보는데, 지난 학기에는 '여름'이라는 키워드를 주고 학생들에게 연상되는 것을 죽죽 이어나가게 했더니 총 44명이 제각각 다른 연상어를 언급해서 학생들 스스로 놀라워하기도 했다(보통 3~4명은 떠올리는 특징이 겹치기도 하는데 모두 다르게 말한 것도 이례적이었다). 여름에 대한 학생들의 연상어는 비키니, 모래, 선탠, 바다, 동해, 캠핑, 수박화채, 아이스 아메리카노, 밀짚모자, 땀, 선크림, 호캉스, 납량특집, 에어컨 같은 일상적인 것들부터 얼음정수기, 수도세, 전기세, 정전 같은 현실적인 것, 외할머니, 여름방학, 황순원의《소나기》등 서정적인 것까지 정말 다양했다. 학생들은 이 연상 게임을 통해 비슷한 연령, 비슷한 적성으로 연결된 집단 구성원들 간에도 이렇게나 다양한 관념들과 다른 경험들이 존재한다는 것을 실감하곤 한다.

막스 베르트하이머Max Wertheimer(1880~1943)는 전체로서의 형태, 모양이라는 뜻의 독일어 '게슈탈트Gestalt'를 사용해 전체는 부분의 합 이상이며 인간은 어떤 대상을 개별적 부분의 조합이 아닌 전체로 인식하는 존재라고 주장한다. 게슈탈트 심리학은 1900년대 초 독일에서 발전한 심리학 사조로, '전체는 부분의 합 이상'이라는 주장을 통해 당시 사람의 마음을 여러 구성요소로 분석하려는 구성주의 심리학자들과 인간을 환경에 대한 수동적 반응자로 보았던 행동주의 심리학자들을 반박했다.

게슈탈트 심리학은 1912년 베르트하이머의 연구로 시작됐다. 게슈탈트 심리학을 가장 직관적으로 설명해주는 것이 바로 '착시' 효과를 통한 심리 게임들이다. SNS를 이용한다면 종종 "다음 그림에서 가장 먼저 보이는 것은 무엇입니까?" 등의 퀴즈를 통해 많이 접해봤을 것이다. 검정과 흰색의 대비를 통한 실루엣이나 커다란 도형 안 세부묘사에서 어떤 사람은 나비나 곤충을 발견하고 어떤 사람은 소녀나 해골을 보기도 하는데, 이는 착시 현상에 따른 결과다. 그렇다면 우리는 왜 사물을 서로 다르게 보는 것일까?

이유는 게슈탈트가 사람마다 다른 방법으로 지각되기 때문이며, 각 사람은 그들 나름의 지각적 패턴을 갖는다. 베르트하이머는 우리가 착시를 경험하게 되는 까닭을 인식체계로 설명한다. 우리는 대상을 인식하는 과정에서 통일성, 연속성, 유사성의 경향을 따른다. 보던 방식대로 계속 보길 원하고 자신에게 평소 더 익숙한 주제로 보길 원하는 것이다. 베르트하이머는 착시와 더불어 인식의 '전경'과 '배경'에 대해 설명하는데, 전경은 우리가 가장 먼저 포착하는 개념이고 배경은 전경 주위에 있는 2차적인 재료다.

우리는 자신이 가장 중요하게 생각하는 순서로 의식을 구성한다. 동창끼리 모였을 때 불과 1년 전 모임을 기억해보라고 하면 어떤 사람은 당시 모임에서 2명만 기억난다고 하고 어떤 사람은 15명을 기억한다. 누구는 그날 저녁 족발을 먹었다고 하고 누구는 치킨밖에 기억이 안 난다고 한다. 개인은 자신의 욕구를 기초로 게슈탈트를 형성해 지각한다.

우리의 지각 형성 과정이 이후 사건에 중요한 심리적 영향을 미치고 있음을 전제로 실제 게슈탈트 기법은 매체치료의 대부분에 활용되고 있다. 종이에 별을 그려놓고 무엇으로 보이냐고 물어보면 빛나는 별로도 별사탕으로도 토마토 꼭지로도 보는데, 이를 통해 이야기가 시작되고 우리는 늘 중첩되는 지각 패턴을 깨닫게 된다. 그리고 자신이 늘 전경으로 떠올린 게슈탈트의 의미를 이해하면 신기하게도 전경은 배경 속에 희석되고 다른 전경으로 관심을 돌릴 수 있음을 확인할 수 있다.

예를 들어 얼마 전 SNS에서 자료를 찾다가 '낙타를 찾아보세요! 그렇다면 당신은 아직 어리다는 것입니다!'라는 메시지를 보고 '어리다'는 말에 오기가 생겨서 한 시간 가까이 그림에서 낙타를 찾느라 눈이 빠질 뻔했다. 나중에는 들인 시간이 아까워서라도 꼭 찾겠다는 집념으로 각각의 문양마다 동그라미까지 쳐가며 매달렸지만 내 눈에는 계속 보이던 동물만 보이고 낙타는 없었다. 포기하고 싶은 마음이 들 때쯤 학원에서 돌아온 딸에게 "이것 좀 찾아볼래?" 했더니 허무하게도 몇 분 되지도 않아서 곧 "여기 있네!" 하고 찾아냈다. 막상 찾고 보면 정말 트릭 하나 없이 오롯이 '난 낙타다!' 하고 버젓이 있는 것을 수백 번을 보고도 왜 못 찾았던 것일까? 그리고 한 번 낙타를 파악한 이후로 다른 것들은 눈에 안 들어오고 낙타로만 먼저 시선이 가는 것 또한 의아했다. 이해되지 못한 게슈탈트는 계속해서 패턴을 구성해서 우리는 틀 지워진 패턴으로만 대상을 보게 된다. 그러나 그것이 이해되면 그 패턴이 변해서 다른 방식으로 지각이 확대되는 것, 이것이 바로 게슈탈트 심리학의 의의다.

게슈탈트 기법은 영화, 광고, 사진 등 다양한 매체에서 이미 대조나 상징의 기법으로 많이 활용되지만 심리에서의 게슈탈트는 우리에게 특히 많은 것을 시사한다. '나의 전경 패턴은 무엇인가?' '대상 찾아내기 테스트에서 내가 먼저 지각하는 것은 사람인가 사물인가?' '나는 배경부터 보는가 중심부터 보는가?' 등 사소한 패턴에서도 내가 중점을 두는 전경을 확인할 수 있다.

인생에는 전경만이 중요한 것은 아니다. 배경과 전경 이 둘의 조화가 있어야 우리는 적어도 그 게임을 흥미롭다고 생각하고 주시하게 된다. 나라는 전경은 내 배경과 나란히 공존하며 함께 나의 이야기를 구성한다. 내가 하나의 틀로 찍어놓았던 내 배경의 입장에서 귀를 기울여보는 시도를 해봐야겠다.

오늘의 키워드

욕구

배고픈 사람에겐 유통기한이 안 보인다

에이브러햄 매슬로의
인본주의 심리학

#매슬로 #5단계_욕구 #인본주의 #사회적_성취감

TV 채널이 예전보다 많아져서일까? 어떤 한 프로그램이 큰 인기를 얻으면 비슷비슷한 프로그램이 여기저기서 만들어져 채널 전쟁을 한다. 요즘은 무심코 TV를 켜면 파격적인 불륜 이야기를 소재로 한 재연 프로그램이 편성표에 몇 편씩 걸려 있다. TV는 민감하고 빠르게 사회상을 반영해서 시청자의 공감을 사는 매체라는 측면에서 우리 사회에 불륜이 그만큼 만연한 일상의 소재가 된 것인가 싶어 기혼자의 입장에서 마음 한편이 씁쓸하다. 그런데 막상 시청하다 보면 '막장' 소재만큼 흥미로운 게 또 없다. 막장이면 막장일수록 "뭐야? 저게 말이 돼? 이게 실화야?" 등 감탄사와 혼잣말을 연발하며 몰입하게 된다.

이런 프로그램들은 대개 사연을 제보한 주인공이 "저는 이 상황에서 어떻게 해야 할까요?"라는 질문 형식으로 마무리되고, 사연을 접수한 패널들은 "어떡하긴 뭘 어떡해? 저런 걸 보고도 그런 고민을 하다니! 정신 차리세요! 당장 헤어져야지!" 하고 분노의 일침을 가하거나 아니면 "각자 상대방의 빈자리를 통해 생각할 시간을 좀 가져보세요" 하는 등 사연에 따라 다양한 의견을 제안한다.

그런데 막장의 내용이 아무리 제각각이라 하더라도 늘 고민하게 되는 지점은 '도대체 저럴 거면 그냥 살다 헤어지지 왜 번거롭고 힘들게 결혼을 할까?' 하는 것이다. 최근 방송된 따뜻한 정을 느끼게 해준 남자 친구와 가슴 뛰는 사랑을 느끼게 한 남자 사이에서 고민하는 여자의 사연에서 패널로 출연한 작가 겸 칼럼니스트 곽정은 씨는 에이브러햄 매슬로Abraham H. Maslow(1908~1970)의 심리학 이론으로 솔루션을 제안했다. 매슬로의 심리학 이론인 욕구 5단계 모형은 경제심리학, 사회심리학, 문화심리학, 행동심리학 등 다양한 응용 심리학은 물론 일상에서 가장 많이 언급되는 심리학 이론일 것이다.

매슬로는 모든 인간은 일생 동안 5단계의 욕구를 통해 발달을 이룬다고 말한다. 매슬로가 주장한 인간의 가장 기본적 욕구는 생리적 욕구이며, 제대로 먹고 자고 쌀 수 있는 이 기본적 욕구가 해결되어야 2단계인 안전의 욕구를 가지게 된다. 본능적 충족이 가능해지면 인간은 그 틀을 유지할 수 있는 안전에 대해 중요하게 생각하게 되고, 안전한 환경이 마련되면 다음 단계인 사회적 연결(애정)의 욕구를 목표로 나아간다. 기존의 심리학 이론이 병리적 상태를 설명해온 것과 달리 매슬로의 이론은 일반 모두에게 적용될 수 있으며, 또한 각각 상위 단계로 발전된 욕구들은 어떤 장애물을 만나 그 단계가 위협받게 되면 다시 아래 단계로 퇴행해서 그 단계에서 다시 시작하게 된다.

예를 들어 기본적인 생리적 욕구가 해결되고 안전도 확보되고 사회적 연결 욕구도 만족이 되면 필연적으로 다음 단계인 자기 자신과 타인에게 존중받고자 하는 존중감의 욕구에 관심을 갖게 되고, 이 또한 확보되면 자아실현의 욕구를 향해 자신의 꿈을 이루고자 노력하게 된다. 그런데 만약 어떤 사람이 직장에서 어느 정도 인정도 받고 경제적으로도 안정을 누리고 있는데 더 늦기 전에 자신이 품고 있던 정치적 이상을 실현하고자 회사를 그만두고 신념이 일치하는 지역 정치인의 정당에 들어가서 정당활동을 하게 되었다고 치자. 처음에는 자아실현을 이루고 있는 일상이 너무나 즐겁고 행복하겠지만 늘 하던 일이 아니고 기존에 있던 사람들과의 마찰로 인해 따돌림을 당하게 되면, 자신의 이상에 회의를 느끼고 존중감을 잃게 되어 안전감을 확보하고자 자신의 아이와 부인에게 관심을 돌린다. 그러나 몇 달이나 경제적 수입이 없었던 가장이었기에 부양의 책임을 다하지 못해 아내와 마찰이 심해져 별거에 이르게 되었다면 자신의 일상의 체계가 흔들린 것에 위협을 느끼게 되고 다시 그는 먹고사는 일에 급급해서 구직활동에만 전념하게 된다. 그런 상태의 사람에게 더 이상 정치는 중요한 목표가 아니게 되고 이제 그는 생리적 욕구 단계로서 다시 삶의 안정을 추구하는 단계로 퇴행한다는 것이다.

매슬로의 주장에서 우리는 그가 바라본 인간의 본성에 대한 새로운 관점에 주목해야 한다. 매슬로는 5단계 욕구 이론을 통해 우리 안에 타고난 추동을 말한다. 우리는 배부른 것에 만족하지 않는다. 우리는 주변 관계에만 만족하지 않는다. 매슬로는 우리가 발달을 통해 궁극적으로 사회 안에서 자신의 존재를 인정받고 자신만의 영역을 성취해내고자 하는 자아의 욕구를 지닌 존재라고 말한다. 이런 이유로 곽정은 씨는 '한결같은 정이냐' '사랑의 설렘이냐' 사이에서 고민되는 사람은 잡지 말라고 한다. 꾸준한 정은 안전함의 감정이고 사랑의 설렘은 그 윗 단계인 사회적 애정의 욕구이므로 사랑과 사랑 사이의 고민으로 볼 수 없다는 것이다.

그렇다면 매슬로의 이론은 사랑을 좇아 떠난 사람이 막상 그 상대와 하루가 멀다하고 싸우고 좋았다 싫었다 하는 격랑을 겪게 된다면 이전의 안전을 찾아 다시 돌아올 수도 있다는 의미일까? 사람 사이의 감정을 어떤 이론으로 일반화하는 것도 무리이거니와 매슬로가 말하려는 욕구 5단계의 진짜 의미는 사실 우리 안에는 그런 경향성이 있지만 인간은 본능에 따라 사는 존재가 아니라는 것이다.

매슬로는 심리학사에서 인본주의humanism 심리학자로 구분된다는 것을 환기해보자. 인본주의는 우리에게 분명 본능이 있지만 사람은 본능으로만 살지 않는다는 것이다! 인본주의는 본능을 이겨내고 자신의 고유한 자유로써 선택하고 나아갈 수 있는 의지가 있음을 강조한다. 얼마든지 편안한 상황에 안주할 수 있음에도 더 나은 다음 단계를 이루고자 고단한 새로운 시도를 할 수 있는 이유는 우리가 단순히 무의식적인 본능을 추구하는 존재가 아니라 스스로의 삶을 개척하는 지향적인 존재이기 때문이다.

이따금 우리는 삶이 고되게 느껴질 때 많은 재산을 물려받아 건물 임대수입만으로 놀고먹을 수 있는 건물주를 부러워하기도 한다. '저 사람은 좋겠다! 사람들 비위 맞추느라 스트레스 받을 일도 없고, 애들 뒷바라지하느라 자기 하고 싶은 건 참을 필요도 없고, 눈치 안 보고 평생 놀고먹을 수 있으니 무슨 걱정이 있을까? 저런 사람은 자기 관리만 하면 되니 병도 안 생기겠네!' 그런데 막상 그렇게 사는 사람들의 명함을 받아본 일이 있는가? 몇 번 받아본 경험에 비추어 말하자면, 정체불명의 단체와 온갖 집단명이 빽빽하게 나열된 속에서 ○○위원, ○○지부장, ○○이사 등의 수많은 직함이 전하는 것은 단 하나의 사실이다. 바로 그들이 원하는 것은 사회 속에서 인정받는 '사회적 성취감'이라는 사실!

막상 들여다보면 나나 그들이나 삶의 고민은 다음 단계를 향해 나아간다는 점에서 같을 것이다. 아무리 환경이 척박하고 암울해도 우리에게 자유로운 의지가 있는 한 우리는 그 환경 내에 머무르지 않는다. 매슬로는 지금 현재의 욕구가 어느 단계이건 우리는 멈추지 않고 모두 5단계를 향해 나아갈 수 있음을 욕구 단계 이론을 통해 말하고 있다.

18일

오늘의 키워드

자유의지

사람이 약해지는 걸까, 사회가 각박해지는 걸까?

에리히 프롬의 사회적 인본주의

#프롬 #사회적_인본주의 #인공지능 #자유의지 #사회심리학

얼마 전 방송에서 뉴스를 진행한 앵커가 인공지능AI이었다는 기사를 보았다. 종합편성채널 메인 뉴스 앵커가 알고 보니 AI였던 것이다. 해당 앵커의 모습과 음성을 데이터에 입력하고 자료와 정보를 축적하면 똑같은 모습과 음성을 가진 AI가 탄생한다. 별도 창에 텍스트를 입력하면, 마치 그 앵커가 직접 말하는 듯한 뉴스가 만들어진다. 그는 이제 '분신술'을 쓸 수 있게 된 것이고, 구태여 그 시간에는 다른 앵커가 필요 없어졌다는 해석도 가능하다. 현재 그 방송사는 매일 인터넷을 통해 방송되는 정오 주요 뉴스 등에 'AI 앵커'를 투입하고 있다.* 기사 내용처럼 모습과 음성만 입력하면 누구든 AI가 될 수 있는 시대가 되었고 비단 매체뿐만 아니라 이제 일상에서도 일부 사람들의 역할이나 직업을 AI 기능이 대체하고 있다.

기능이 떨어진 신체 조직에도 영구적인 기계가 시술되는 상황이다. 예전 학창 시절에 한 교수님께서 이렇게 물은 적이 있다. "만약 네가 나중에 나이를 먹고 시력, 청력, 후각 능력 등 눈, 코, 입은 물론 몸과 그 안의 장기까지 영구적인 기계로 바꿀 수 있다고 하자. 팔다리의 관절도 고성능 기계이고 목소리와 심지어 성별까지 다 기계로 바꾼 상태로 너의 뇌만 그 기계 안에 옮겨진다면 너는 사람의 특성을 가진 너로 봐야 할까, 기계로 봐야 할까? 반대로 몸은 지금의 네 신체 그대로인데 뇌만 지금의 기억정보를 고스란히 옮겨놓은 더 성능 좋은 인공 뇌로 이식한다면 그건 너인가 기계인가?"

당시 나는 일단 지금의 뇌를 이식한 기계 몸까지만 나로 봐야 한다고 대답했다. 그러자 교수님께서 "그렇다면 지금의 너(사람)의 몸에 건망증이나 혼동 없는 더 뛰어난 인공 뇌를 이식하면 왜 너는 너(사람)가 아니고 기계로 봐야 하냐?"고 재차 물어왔다. "왠지 거기까지 가는 건 아닌 것 같다"라는 내 대답에, 입장을 말하려면 명확하게

---

* 조선일보, 2020.10.10.

근거를 제시해야 한다고 교수님께 혼났던 기억이 난다. 당시엔 음성 인식만으로 기억을 불러오고 상황을 인식하는 기계 뇌를 내 머리에 넣는다고 상상하는 자체가 그저 찝찝하고 싫었을 뿐이지만 지금은 나름 '인간'에 대한 소신이 생겼는데, 내 소신에 가장 큰 영향을 준 사람이 바로 에리히 프롬Erich Seligmann Fromm(1900~1980)이다.

사회심리학자로 잘 알려져 있는 에리히 프롬은 《사랑의 기술》, 《소유냐 존재냐》, 《자기를 위한 인간》, 《자유로부터의 도피》, 《악에 대하여》 등 수많은 저작을 관통하는 주제로 인본주의 윤리학을 다루었다. 프롬의 인본주의는 철저한 휴머니즘을 기반으로 한다. 집 책장에 한두 권은 꽂혀 있을 만큼 대중에게 사랑받는 프롬의 저작 내용은 전반적으로 무엇이 우리를 인간답게 하는가에 대한 '인간다움'의 통찰이다.

'기술사회와 휴머니즘'*에서 프롬이 경계하는 사이버네틱스와 오토메이션(사이버네이션)의 사회는 현재 우리 사회 속에 부각되고 있는 현실적 문제다. 식당의 서빙 기계와 마트의 바코드 인식기, 패스트푸드점의 셀프주문기 등 소소한 변화는 이미 그 자리에 있었던 사람을 속속 없애고 있다. 아예 무인 마트가 잠식하는 상가들을 보면서 앞으로도 인간의 일자리가 줄어들 수밖에 없음을 예견하게 된다.

---

* 에리히 프롬, 고영복 역, 《악에 대하여/인생과 사랑/희망의 혁명/불복종과 자유》, 동서문화사, 330쪽 참고.

이런 문제에 대비해 우리 사회는 실업수당, 취업교육 등 고용효율을 높일 수 있는 정책들을 시행하고 있지만, 이는 궁극적인 대안으로 보이지 않는다. 프롬은 책에서 이런 문제점들에 대해 근로시간 단축과 기본소득제를 대안으로 주장하는데, 1970년대 초(68혁명 직후) 기술된 그의 문제의식은 현재 우리 사회에서 대선 때마다 거론되는 실질적 화두라는 면에서 우리 삶에 당면한 의의를 지닌다.

프롬의 글에는 늘 우리 자신의 존재적 본성을 이해하고 알아야 한다는 신념이 들어 있다. 프롬은 제2차 세계대전을 목도한 세대로서 전쟁 자체뿐만 아니라 그 시기의 급속한 기술 발전, 그에 따른 산업화로 확연히 달라지는 사회구조와 사람들의 인식, 가치의 변화를 고스란히 경험하면서 사회가 발전하는 과정처럼 인간의 의식이 자유와 민주적인 협의체제로 발전하는 것이 아님을 히틀러라는 파괴적인 독재자를 통해 확실히 실감했다. 뿐만 아니라 히틀러의 맹목적인 '살육'을 별다른 고민 없이 지지하고 동참하는 독일인들의 광기를 지켜보면서 인간 본성에 대한 엄청난 충격과 회의를 경험하게 된다. 유대인 가정에서 자랐지만 독일 프랑크푸르트에서 태어나 프랑크푸르트대학, 하이델베르크대학을 거쳐 베를린 등에서 삶을 꾸리며 독일을 자신의 나라로 믿었던 그가 나치의 살인 광기를 피해 미국으로 망명해야만 했던 과정은 그로 하여금 필연적으로 '인간이란 대체 어떤 존재인가?'라는 질문에 귀착하게 했을 것이다.

그러나 치열한 고민 끝에 그는 '인간의 본성에 악이 있어서'라고 말하지 않는다. 저서 《악惡에 대하여》에서 그는 인간의 본성은 사회적 관계를 지향하며 오히려 폭력(학대)과 파괴를 피하고 싶어하지만 그 본성이 비틀어지는 데 영향을 미치는 사회적 요인들이 있으며, 사회적 요인에 의해 악한 태도를 선택한 개인들이 다시 사회에 집단을 형성해 개인의 삶을 파괴하는 악순환을 자세히 이야기한다. 프롬에게 선善이란 생명이 가진 저마다의 의지를 그 자체로 사랑하는 것, 각각의 삶을 있는 그대로 사랑하는 것이다. "존재 자체인 생명의 '성장'을 북돋는 것이 선이고 그것을 훼손하는 것은 악이다"라고 그는 말한다.

프롬은 그의 모든 저작에서 '자유의지'를 강조하고 생산적인 삶과 비생산적인 삶을 논하는데, 그의 '생산성' 개념을 계속 접하다 보면 '고민하지 않고 그냥 기존의 삶을 이어가는 것은 비생산적인 삶인가? 단체의 질서를 위해, 가족을 책임지기 위해 묵묵히 자신의 욕구를 내려두고 현실에 타협하는 사람들의 삶을 매도하는 것인가? 대체 자유의지를 실천하는 생산성은 뭘 어떻게 해야 된다는 것인가?'라는 반발심이 들 수도 있다.

그러나 프롬이 그토록 강조하는 '생산적인 것'이란 인간은 그 자체로 존엄하기에 '옆 사람이 정해준 가치에 의존하지 않고도 자신의 의지에 대해 스스로 생각할 수 있는 것'이며, 인간은 자신의 의지로 삶을 완성시킬 수 있다는 것이다. 나이가 50이 넘어도 '누구한테 들었는데 그 사람이 그렇다더라, 어디서 봤는데 뭐가 좋다더라'로 자신을 채우는 사람의 삶에는 책임이 없다. 남의 주장만 따라가다가 남한테 들었다고 하면 그만일 뿐 자신은 늘 빠져 있다. 이런 상태에서는 인간만의 능력인 '창조와 생산'이 없다는 것이 프롬의 주장이다.

이런 주장은 프롬 자신의 삶을 바탕으로 한 것이다. 프롬은 1974년 1월 5일 새벽 한스 위르겐 슐츠Hans-Jürgen Schultz와 함께한 두 시간여의 자전적 대담 방송 〈삶이라는 이름으로〉에서 외동아들로서 어머니의 노파심 속에 의존적으로 자란 자신의 성장 배경을 굴레라고 고백한다.* 남편과 사이가 소원했던 프롬의 어머니는 외동아들인 그를 전적으로 자신의 영향하에 키웠는데, 그런 어머니의 요구에 순응하며 성장한 프롬은 1918년 프랑크푸르트대학 법학과에 입학했으나 적응하지 못하고 방황한다. 이후 하이델베르크대학으로 옮겼으나 자신이 원하는 것을 알지 못해 겉돌다가 마침내 막스 베버Max Weber의 동생 알프레드 베버Alfred Weber에게 사회학을 배우면서 자신이 원하던 학문을 찾는다. 이 무렵 프롬은 자신의 상담가였던 11세 연상의 프리다 라이히만Frieda Reichmann과 결혼하고 정신분석학에 입문하지만 둘은 몇 해 지나 파경을 맞고 또다시 15세 연상의 카

* 에리히 프롬, 고영복 옮김, 《악에 대하여/인생과 사랑/희망의 혁명/불복종과 자유》, 동서문화사, 244쪽 참고.

렌 호나이와 연인관계로 발전했다가 다시 결별하게 된다.

프롬은 왜 한참이나 연상인 여성들과 연거푸 관계를 맺고 파경을 맞이한 것일까? 두 여성과의 관계에서 하나의 잔상이 느껴질 것이다. 자기의식을 내려놓고 어머니의 기대에 부응하고자 애쓰던 과거의 패턴이 투영된 듯한 결혼은 둘 사이에 진정한 가치를 형성하지 못하고 파국으로 끝났다. 다행인 것은 그 두 여성과의 관계에서 프롬이 정신분석학의 양분을 흡수하면서 삶을 객관적으로 직시할 수 있게 되었다는 것이다. 프롬은 자신에게 익숙한 의존의 패턴을 벗고 자신이 선택한 의지에 집중하게 되면서 학자로서 명성을 알리는 계기가 된 《자유로부터의 도피》를 출간하고 드디어 진정한 사랑인 동갑의 반려자 헤니 구어란트Henny Gurland를 만난다. 이후 프롬은 왕성한 저술활동과 강연으로 전 세계적 명성을 떨치게 된다.

프롬이 외치는 자유의지로부터 전개되는 생산적인 삶은 바로 인간만의 고유한 능력, 자신의 가치를 실현하는 창조활동이다. 우리는 동물과 같은 본능에서 자유롭지 않다. 먹어야 하고 자야 하고 추위에서 몸을 보호해야 살 수 있다. 그럼에도 우리가 동물과 다른 지점은 꾸준히 발전시켜온 '문화'에 있다. 만일 기능이 인간보다 우월한 AI와 인간이 공존한다면 인간이 설 자리가 없는 것은 아니냐고 우리는 우려한다. 기계로 잠식된 세상에서 인간의 역할이 필요하겠느냐고 회의에 빠진다. 그런 우리를 향해 프롬은 계속해서 인간다움,

인간성에 대한 근원을 말한다. 인간성, 그것은 우리가 본능만 가진 개별 생명이 아니라 함께하는 속에서 성장하는 존재임을 확신하는 것이며 자신의 삶을 사랑하듯 타인의 삶을 존중하고 우리가 잘하는 것을 자기 방식으로 삶 속에서 계속 융성해내는 것이다.

19일

오늘의 키워드

신념

몸이 힘든데 왜 몸을 쓸 생각을 하나, 도구를 써야지

앨버트 엘리스의
인지심리학

#엘리스 #인지심리학 #합리적_정서행동치료 #신념 #ABCD_모델

여러분의 주변에는 인생에 큰 영향을 미친 '천재'가 있는가? 그 '천재'적인 대상으로 인해 여러분의 삶이 긍정적으로 도약하거나 습관이 달라지거나 한 경험이 있는가? 천재 하면 떠오르는 몇몇 이름이 있긴 하지만 나는 그들로 인해 내 삶에 직접적인 자극을 받은 적은 딱히 없는 것 같다. 나이가 들수록 어떤 방면에 천부적 능력을 가진 사람보다는 타인과 자신에게 따뜻함을 전하는 사람들에게 더 많은 영향을 받게 된다. 그들은 이미 여러 면에서 다른 이들보다 잘

하는 것이 많음에도 늘 배우고 노력하는 성실을 실천하고 자신에게 영감을 주는 대상들을 한껏 존중할 줄 안다. 막상 천재성을 인정받는 사람을 만나면 워낙 어릴 때부터 찬사에 길든 탓인지 인성은 천재성만큼 뛰어나지 않은 경우가 있어서 나는 노력하는 사람들에게서 생의 자원을 얻는 경우가 더 많다.

다행히 내 주위에는 그런 훌륭한 보석이 많다. 매일 빵을 구워 성당에서 한부모가정 청소년들의 간식을 챙겨주는 제과점 사장님은 어차피 노력해도 이 세상에서 자기는 성공하기 힘들 거라는 한 소년의 말에 연민을 느껴 50이 훌쩍 넘은 나이에 근력운동으로 다이어트에 도전해 83킬로그램에서 32킬로그램이나 감량했다. 그분은 주위의 만류에도 기어이 필라테스 자격증까지 따낸 후에 그 소년에게 "자, 봐라. 노력을 하면 이렇게 나이 먹은 나도 뭔가를 해내는데 똑똑하고 건강한 네가 왜 하고 싶은 일에서 성공을 못하겠니?" 하며 소년을 격려했다고 한다. 또 어린 시절 왕따의 기억으로 한동안 대인기피증과 공황장애에 시달린 후배는 발표불안을 극복하고자 연기학원을 다녀서 현재 지역주민들에게 재능기부로 4년째 뮤지컬을 가르치고 있다. 자신을 힘들게 한 신병神病을 규명하고자 공부를 시작해서 현재 명리학 교수가 되어 우울증으로 힘들어하는 학생들을 상담해주는 친구도 있다.

이외에도 수많은 일상의 거인들은 묘하게 닮은 점이 있는데, 어느 순간 그들을 보면 한결같이 참 멋있는 분위기가 느껴진다는 것이다. 그런 거인들을 보면서 나는 요령을 외면하는 의지를 얻고 새로운 삶을 꾸려갈 수 있었다. 이런 사실에 비추어 보면 우리가 지금 살펴보는 심리학자들 역시 자신을 딛고 일어나는 그 힘으로 타인을 돌보는 거인들이 아닌가 싶다.

타인의 아픈 마음에 유난히 주목하는 사람들에게 무슨 동기가 있겠는가? 타인의 고통을 삶의 목적으로 삼을 수 있는 이유는 둘 중 하나일 것이다. 히틀러처럼 그런 고통을 만들어내고 싶어서 열중하거나 아니면 반대로 자신이 경험하거나 목도한 고통의 상태를 없애주고 싶거나 하는 동기일 것이다. 그 둘의 발현 양상은 정반대처럼 보이지만 분명 동기는 그들의 내면에서 해결되지 않은 '내적 고통' 한 가지라고 생각한다. 심리학자들은 그것을 찾아 경감시키고자 하는 쪽을 택한 사람들일 것이다. 이 책에서 우리가 지금까지 만나온 많은 심리학자들 모두 자신의 삶 속에서 직면한 경험을 통해 하나의 이론을 확립한 사람들이 아니던가. 지금 소개할 미국 피츠버그 출신의 심리학자 앨버트 엘리스Albert Ellis(1913~2007) 역시 가히 모든 사람이 존경할 만한 자기 극복 역사의 전형이다.

엘리스는 인간이 스스로 형성한 신념 자체가 그 자신의 정서와 행동에 영향을 미친다고 생각했다. 그는 어떤 객관적인 사실 자체보다 그것을 바라보는 관점에 의해 사태의 해석이 달라진다고 보았고,

역으로 관점을 다르게 형성하면 개인이 바라보는 가치도 달라질 수 있다고 생각했다. 이런 주장을 바탕으로 그는 심리학에서 폭넓게 응용되는 합리적 정서행동치료rational emotive behavior therapy, REBT를 개발해 냈다.

누구에게나 현실의 사태를 왜곡하는 저마다의 비합리적인 신념이 있다. "이상하게 나는 나보다 나이 많은 사람들이랑 프로젝트를 하면 잘 안 돼", "저런 스타일의 사람들은 말을 잘 옮겨", "저 대학 교수들은 다 잘난 척이 심해", "○○지방 남자들은 허세가 많아" 등 우리는 정확한 사실과 상관없이 나름의 신념을 고수하며 살아간다. 엘리스는 그런 것에 대해 "정말 그래? 그건 그냥 자신이 만든 거잖아. 만일 매사 그런 비합리적인 신념을 가지고 산다면 가장 피해를 보는 건 바로 자기 자신이야"라고 말한다. 그도 그럴 것이 그의 어린 시절 환경은 나쁘게 생각하려면 주위에 양분이라고는 하나도 없는 척박한 상황이었다. 3형제 중 장남으로 태어난 엘리스는 어린 시절 병치레가 심했고 5세 이후로는 입원과 퇴원을 반복했는데 놀랍게도 그 어린 나이에 보호자 없이 병실에 혼자 입원해 있는 경우가 대부분이었다. 아버지는 집안일에 관심이 없는 밖으로 도는 가장이었고 엄마 역시 육아에는 방임적이었다.

엘리스는 자신도 애정을 받지 못하는 상황에서 자신처럼 방임된 어린 동생들을 돌봤는데, 우리가 지금까지 살펴본 한 개인이 성격을 형성하는 과정에서 어린 시절 환경의 안정과 주위의 애착관계가 얼마나 중요한 요인이 되는지 환기해본다면 엘리스가 건강할 수 없었던 이유를 충분히 짐작할 만하다. 엘리스의 주변 환경은 자신을 긍정적으로 바라보고 주위와 적극적인 관계를 맺는 사람으로 성장할 만한 자원이 되지 못했고 그 결과 학창 시절 그는 소심하고 내성적이었다.

그러나 엘리스는 열아홉 살 때 늘 위축되어 있던 자신을 극복하기로 마음먹고 공원으로 나가서 여자들에게 말을 걸어보기로 했다. 그는 100명이 넘는 여자들에게 먼저 대화를 시도하면서 더 이상 타인에게 다가서는 일을 두려워하지 않게 되었고 자신이 말을 걸면 사람들이 싫어하고 이상하게 볼 거라는 선입견을 벗을 수 있었다. 그는 집안 형편상 일찍 생활전선에 뛰어들어 직장생활을 하는 가운데도 소설을 썼으며 이후 심리학에 입문해 학업에 전념하게 된다.

컬럼비아대학에서 임상심리학 박사학위를 딴 이후에도 과학잡지에 자유기고가로 700편 이상의 논문을 쓰는 등 다방면에서 열정적 결과물을 생산해낸 엘리스는 그런 삶의 체험을 바탕으로 내면의 무의식을 이끌어내 자신의 문제를 자각하게 하는 기존 정신분석학에 회의를 느끼게 된다. 정신적 고통을 겪고 있는 사람에게 내면에 억압된 감정을 끌어내는 치료는 그 과정의 노력에 비해 효과가 일시적이었으며 현실에서 반복되는 현재의 문제가 제대로 해결되지 않는 경우가 많았던 것이다.*

이에 엘리스는 개인의 과거에서 실마리를 찾으려 하기보다는 현재의 삶 속에서 야기되는 문제점들의 기반을 이루는 개인의 비합리적인 신념에 주목했다. 지금 자신의 문제점이 사람들에게 먼저 다가가 어울리고 친하게 지내고 싶은데 그러지 못하는 것이라면, '도대체 왜 그럴까?' 하는 질문을 통해 '그들이 나를 싫어하니까! 사람들은 나 같은 스타일은 안 좋아해! 더 멋지고 밝고 말을 잘하는 사람을 좋아할 거야'라는 자신의 주관적 신념을 확인할 수 있게 되고 그러면 그 신념이 사실인지 직접 도전을 통해 확인해보거나 객관이 아닌 주관적인 자신의 해석인지 생각해보는 것이 더 중요하다는 것이다. 지난 과거는 바꿀 수 없지만 현재의 생각은 바꿀 수 있고 생각이 바뀌면 세상을 살아가는 태도가 바뀌고 선택이 바뀌고 성취하는 것이 달라진다는 전제하에 확립된 엘리스의 합리적 정서행동치료 이론은 현재 임상에서 많은 사례를 통해 그 효과를 검증받고 있다.

우리가 만약 어린 시절 자신을 귀찮아하는 부모의 눈치를 보며 살았다면, 또 돌봐주는 가족 하나 없이 병상에 혼자 누워 주사를 맞고 검사를 받는 두려움을 홀로 감당하는 삶을 살았다면, 그런데

* 이 부분에 대해 나는 적극적으로 동감한다. 나는 몇십 년간 가슴에 응어리가 되었던 내 상처를 힘들게 부모에게서 꺼낸 적이 있는데, 꼭꼭 싸매놓았던 그 상처를 꺼내기까지의 삶도 그것을 꺼내는 순간의 고통도 너무나 힘들었음에도 그 사투에 가까운 고백은 "기억나지 않는다. 언제 그랬냐"는 대답으로 인해 불쾌함만 가중시켰고 지금까지 해결된 것은 아무것도 없다.

옆에는 보호자에게 극진한 돌봄을 받는 또래가 잔뜩 있고 나 같은 처지의 아이는 없다면, 우리 내면에는 어떤 신념들이 생겨날까? '원래 세상은 혼자 버티는 거야. 아무도 내 고통을 이해하지 않아. 아픈 건 참아야 해. 사랑받는 사람은 정해져 있어. 나는 아니야. 아무도 나를 사랑하지 않아. 사람들은 나를 싫어해. 어른들은 냉정해. 자기 자식밖에 몰라. 자식은 귀찮은 짐이야. 결혼은 불행해지는 관문이야' 등 엘리스는 충분히 세상과 등돌릴 만한 환경 속에서 자신이 형성한 부정적 신념을 하나씩 벗겨냈다. '세상은 혼자가 아니야. 엄마가 없다고 다 불행한 건 아니야. 오히려 엄마보다 더 나한테 잘해준 간호사들도 많았어. 우는 건 나쁜 게 아니야. 울 때마다 달려와준 선생님들 덕에 불편한 것이 해결되었지. 결과적으로는 안 운 것보다 운 게 나았어. 누구나 사랑받을 수 있어. 꼭 부모에게 사랑받아야만 살 수 있는 건 아니야. 사람들은 나를 싫어한 게 아니라 그냥 관심이 없었던 거야. 내가 나를 숨겼으니까. 결혼이 불행한 것이 아니라 내 부모의 결혼이 별로였던 거지.'

엘리스의 인지행동치료에 따르면 정신적 고통의 원인 자체는 문제상황이 아니다. 그 상황에 대한 주관적 해석으로 고통스러워지는 것이다. 인지행동치료는 그 과정을 쉽게 ABCD 모델로 설명한다. Activating event의 'A'는 우리에게 닥친 실제 사건이다. 우리를 힘들게 하고 위축시킨 슬프거나 두려운 사건을 말한다. 태어나 보니 내

위로 모든 것이 완벽한 언니가 있든가, 격투기 챔피언이 내 형이라든가 하는 사건이다. Belief system의 'B'는 그 사건에 의해 형성된 신념 체계다. '뭘 해도 언니만큼 잘할 수도 사랑받을 수도 없으니 그냥 조용히 말이라도 잘 들어야 해', '나는 형의 샌드백이야. 형이 시키면 해야 해!' 등 자신이 누구에게 끌려다녀야 하는 의존적 존재라고 스스로 생각하는 것 등이다. Consequence의 'C'는 그로 인한 결과다. 자신은 뭘 해도 사랑받을 수 없기에 남자 친구가 시키는 대로 부당한 것도 참으며 살아가거나 평생 형이 벌인 사업을 뒤치다꺼리하며 자신이 원하는 일은 늘 뒷전으로 미루는 현실 같은 것들이다. Depute의 'D'는 과연 그 생각이 옳은지 곰곰이 따져보는 것이다.

사람들은 누구나 어떤 계기로든 비합리적인 신념을 갖게 된다. 그러나 세계적 영향력을 행사하는 위대한 심리학자 엘리스는 우리의 자원을 기억한다면 비합리적인 신념에서 벗어나 훨씬 긍정적인 세상을 보게 된다고 말한다. 그것은 바로 객관적인 사실을 보는 시각, 그리고 사실을 왜곡시키지 않고 개선하고자 하는 의지다. 그리고 우리 모두는 그 자원을 가지고 있다!

20일

오늘의 키워드
스트로크

승진하고 싶은 자여, 리액션을 키워라

에릭 번의
교류분석

#구조주의_심리학 #교류분석 #스트로크 #시간의_구조화 #자아구조

관계를 형성하는 패턴은 그 사람에 대해 많은 것을 말해준다. 착취하는 자 vs. 착취당하는 자, 돌보는 자 vs. 돌봄을 받는 자, 명령하는 자 vs. 복종하는 자 등 사람들은 자신이 맺는 관계에서 일정한 방향성을 보인다. 모든 사람은 언어를 통해 주위에 자신의 욕구를 지속적으로 표현하는데 생에 대한 태도가 건강하지 못한 사람일수록 말을 통해 상대를 힘들게 한다. 듣고 나면 지치고 허무하고 찝찝한 대화는 그 본질에 건강하지 못한 욕구가 들어 있다. 귀가 뜨겁도록 긴 통화를 마치고 난 뒤에 한숨이 나온다면 이미 상대의 게임패턴에 말려든 것이다.

내 친구 중에는 20년째 연애 중인 동갑내기 커플이 있다. 심지어 그들은 같이 산다. 모든 지인 행사에도 둘이 동반하기 때문에 이미 가족으로 인정받고 있지만 정작 둘은 법률상 정식 가족이 아닌 관계로 최근에는 20주년 여행 계획을 짠다며 들떠 있는데, 현실 부부보다 더 진한 그들 '케미'의 정체는 무엇일까 싶다. 사실 그 커플은 몇 번 헤어지기도 했다. 그래서 요즘은 둘 중 하나가 심각하게 결별을 이야기해도 나를 비롯해 주위에서는 제대로 듣지도 않고 흘려버린다. 헤어진다고 울고불고할 때마다 사준 밥값, 술값만 생각해도 이미 결혼식 부조금 10번은 더 내고도 남을 것 같고, 둘이 헤어졌다가 재회한 이후 한동안 더 유치 찬란해지는 애정행각을 봐주는 것에도 평생 쓸 소름을 다 쓴 것 같다.

정말 신기한 것은 그들이 서로 헤어짐을 택하는 이유와 재회하는 이유가 동일하다는 것이다. 서로를 향해 "넌 항상 애 같아!"라고 말하며 헤어지고 그 말을 찾아 다시 만난다. 20년이 지났으니 둘 중 하나는 어른이 될 법도 한데, 아마도 그들 중 하나가 어른스러워지면 그땐 정말 헤어지지 않을까 싶기도 하다. 하여튼 이들은 보면 볼수록 인정할 수밖에 없는 최고의 커플이다.

이 커플을 보면서 드는 생각은 '서로 잘 맞는 관계란 무엇일까?'

하는 것이다. 꼭 남녀 사이가 아니더라도 유난히 편한 친구 사이, 나이를 초월한 우정 관계를 보면 서로 비슷한 면이 전혀 없는 것 같은데도 잘 어울리고 반면 외부에서 보면 비슷한 면이 많아 잘 어울릴 것 같은데 서로 절레절레 고개를 흔드는 관계도 있는 것을 보면 나이와 성별과 성향에 상관없는 좋은 궁합, 나쁜 궁합이 따로 있는 것인가 싶다.

1957년 미국의 정신과 의사인 에릭 번Eric Berne(1910~1970)은 인간의 교류나 행동에 관한 이론체계인 교류분석Transactional Analysis, TA을 창안했다. TA 이론은 현재 심리치료 현장에서 환자들의 임상치료에 쓰이고 있을 뿐만 아니라 기관의 구성원을 상대로 한 교육이나 일상에도 폭넓게 응용되는 이론으로서 간결한 자기 이해를 통해 다른 사람들과 원활한 대인관계 능력을 갖출 수 있도록 심리구조의 이해를 돕는다. TA 이론의 기본 전제는 앞의 엘리스의 REBT처럼 '지금 여기'를 핵심으로 한다. 심리학은 현대에 가까워질수록 그 시점을 기억나지 않는 유아기의 의식에서 아동기로 확장하고 점차 현재에 집중한다.

TA는 과거에 형성된 가치관은 스스로 납득하고 선택한 것이 아니기에 우리 삶에 생산적인 동기가 될 수 없다고 본다. 사람은 누구나 긍정적인 존재이며 생각하는 능력을 통해 자신의 운명을 스스로 결정하고 바꿀 수 있다는 가정하에 개개인의 자율적 의지를 실현하기를 독려한다. 교류분석 이론은 프로이트의 구조주의 이론에서 발전한 것으로 에릭 번은 인간은 자신들 안에 있는 기본적 욕구(자신을 향한 리비도와 대상을 향한 리비도)를 충족하고자 하는데 이것이 충족되지 못하면 부정적 자극을 통해서라도 그 에너지를 취하고자 한다고 주장한다.

에릭 번은 개인이 다른 대상과 대화를 통해 자신의 욕구를 표현하는 것을 '스트로크'라는 명칭으로 소개했다. '가는 말이 고우면 오는 말이 곱다'는 말처럼 건강한 스트로크는 사이좋게 주고받으며 즐거운 관계성을 형성하지만, 내내 욕만 주고받는 대화나 한쪽의 일관된 자랑이나 폭언에 상대가 계속 응수해주는 식의 대화라면 이것은 건강한 스트로크라고 볼 수 없기에 욕구는 해소되지 못한다. 다른 사람에게 말을 끊긴 순간 가슴이 탁 막히는 불쾌함을 떠올려보면 이해가 될 것이다.

이런 부정적 스트로크가 반복되는 것을 에릭 번은 일상에서 필수적인 에너지가 발산되지 못하거나 치우친 것으로 보고 '시간의 구조화'라는 설명을 덧붙인다. 시간의 구조화 이론(인생 또는 매일의 시간 사용방법)은 TA의 독창적 설명으로 개인의 시간 사용을 필수 시간 영역으로 확인해보는 것인데, 폐쇄(틀어박힘), 의식, 잡담(심심풀이), 활동, 친밀, 게임의 6가지 시간 영역으로 구분된다. 스트로크는 폐쇄 < 의식 < 잡담 < 활동 < 친밀의 순서로 증가하는데 여기서 주목할 것은

바로 '게임' 영역이다.

게임 영역은 대화 스트로크를 통해 점점 찜찜한 감정이 되는 것을 말한다. 상대가 의식하지 못하더라도 그런 양상이 반복된다면 그의 게임에 말려들고 있는 것이다. 누구나 스트로크의 균형이 심각하게 무너진다면 상대에게 게임을 하게 될 수 있다. 우리가 편안해하는 누군가에게 게임을 하지 않기 위해서는 자신의 시간 사용 패턴을 분석해야 하는 이유다.

우리에게는 혼자 고립되어 자신에게 집중하는 폐쇄적인 시간 영역, 대인관계를 통해 소통을 이루는 잡담 영역, 신체적 에너지를 소모하는 활동 영역, 자신을 성숙하게 하는 의식 영역, 외부의 부정적 긴장을 해소할 수 있는 친밀 영역 등 필수 시간 영역이 균형 있게 구조화되어 있어야 한다. 한 영역에 시간이 지나치게 편중되어 있거나 아예 없다면 내면의 욕구가 원활하게 충족될 수 없을 것이고 그런 사람에게 긍정적인 스트로크를 기대할 수는 없을 것이다.

한편 에릭 번은 교류형태 분석(주고받기의 분석)에서 자아의 구조를 구분해 설명하는데, 모든 사람에게는 어른(이성)Adult, A, 아이Child, C, 부모Parent, P의 자아가 공존한다고 말한다. 이 세 가지 구조는 프로이트의 초자아, 자아, 이드의 특성과 유사하다. 세 가지 기본 구조에서 P는 쉽게 말해 자녀를 훈육하는 부모와 같은 마음으로, 가부장적이고 비판적인 부모의 자아 상태Critical Parent, CP와 모성적이고 돌보는 부모의 자아 상태Nurturing Parent, NP로 나뉜다. C는 어린아이 같은 천진한 마음으로, 마음대로 요구하고 떼쓰는 자유로운 아이의 자아 상태Free Child, FC와 부모가 시키는 대로 늘 온순히 따르는 순응하는 아이의 자아 상태Adapted Child, AC로 나뉜다. 5세의 유치원생 아이도 동생을 돌볼 땐 부모의 자아가 되어 동생을 돌보고 80세 할머니도 관광버스 안에선 아이의 자아가 되어 들뜬다. 사람들이 관계 속에서 적응하며 사회생활을 할 수 있는 것은 내면에 균형을 잡아주는 A, 즉 어른(이성)의 자아가 있기 때문이다.

우리 대부분은 어느 하나의 자아기능을 더 선호하게 마련인데 사람을 만나서 대화를 나누다 보면 대개 상대가 어떤 자아기능이 더 큰지 알 수 있다. 세 개의 자아 상태 크기가 비슷한 것을 무난한 인격 상태라 가정할 때 막상 진단을 시행해보면 그런 무난한 자아구조를 가진 사람은 매우 적다. 에릭 번은 이 치우친 자아의 특성이 사람들이 서로 교류하는 교류 패턴에 영향을 미친다고 설명한다. 즉 아이의 자아에 치우친 사람은 같은 아이의 자아끼리 있을 때 서로 신이 나지만 그들 간에 경쟁도 치열해진다. 그리고 문제가 생기면 본능적으로 부모의 자아에 치우친 사람을 찾게 될 것이다. 반대로 부모의 자아가 더 크게 작동하는 여성이 연애를 시작했는데 상대가 아이의 자아가 부각된 사람이라면 여성은 상대가 매사에 생각이 가볍다고 여기고 불만을 가질 수 있다.

에릭 번은 각각의 자아 상태가 타인들과 교류하는 패턴을 에고그램으로 도식화했는데 삐걱거리는 관계에 균형을 잡아주는 것은 늘 어른(이성)의 영역이라고 설명한다. 사람의 내면에 모두 공존하는 어른(이성)의 영역은 생각을 통해 우리가 쉽게 판단한 가치들을 재고할 수 있게 하기 때문이다. 그리고 어른(이성)의 자아는 우리가 같은 자리에 머무르지 않고 계속 성장할 수 있는 원동력이기도 하다.

나는 지금 곁에 있는 가장 중요한 사람들과 건강하게 스트로크를 하고 있을까? 나는 잘 구조화된 시간 영역에 살고 있을까? 혹시 게임을 하거나 당하고 있지는 않을까? 내가 주로 부딪히는 관계는 내 자아에 한 부분만이 강조되었기 때문은 아닐까? 에릭 번의 TA 교류분석의 의의는 스스로 자신을 객관화하고 자아의 구조 패턴을 분석할 수 있다는 것이며 내 안에 있는 것, 즉 나의 이성으로 치우침을 개선할 수 있다는 것이다.

여러분은 세 개의 자아 중 어떤 것을 주로 사용하는가? 세 개의 자아 중 가장 친밀감을 느끼는 자아는 무엇인가? 가장 불편한 관계에 있는 상대의 자아는 무엇인가? 불편함을 개선하기 위해 그 상대와 어떤 스트로크를 형성해야 할까? 곰곰이 생각해보자.

21일

오늘의 키워드

성장

언제든 성장할 수 있기에 누구나 변할 수 있다

칼 로저스의
인간중심 심리학

#로저스 #인간중심주의 #상담 #내담자 #수평적_관계

나의 외할머니는 내가 기억하는 한 늘 큰외삼촌에게 존칭을 쓰셨다. 외할머니는 가족이 다 함께 밥을 먹을 때면 "이 조림은 저 양반이 좋아하는 건데 저 양반 가까이 좀 놓지!" 하고 제3자에게 큰외삼촌이 좋아하는 반찬을 옮겨놓으라고 하시거나, "아범! 때 지나서 오느라 시장할 텐데 어서 자시게"라며 직접 손길을 건네실 때도 늘 당신의 아들인 큰외삼촌에게 존대의 표현을 하셨다.

한복을 입고 쪽진머리를 하셨던 단아한 외할머니의 자태가 존대

상황과 잘 녹아들어서일까? 지금도 나는 장성한 손주들 앞에서 중년이 넘은 아들의 이름을 부르는 부모들 모습이 오히려 더 생경하다. 당신의 아들을 높여 부르시던 외할머니의 말투가 더 따뜻하고 자연스러운 정서로 여겨진다. 큰외삼촌과 함께 제사준비나 농사일, 친지들의 경조사를 챙기는 등 집안의 문제를 존칭으로 도라도란 나누시던 그때의 모습은 '서로의 의견을 존중하는 대화가 이런 모습이구나!' 하는 교양있는 대화의 전형으로 각인되어 있다.

현대의 상담 현장에서 가장 영향력 있는 상담가로 알려져 있는 칼 로저스Carl R. Rogers(1902~1987)는 상담 현장에서 환자와 치료자 간의 관계가 수평적이어야 한다고 생각했다. 대학원에서 박사 첫 학기에 '집단임상치료의 이해'라는 과목을 수강했을 때 함께 공부하는 선생님들은 당시 이미 현장에서 경력을 인정받는 전문가들이었다. 나는 그분들의 현장사례 발표를 듣는 것이 이론 수업보다 훨씬 흥미로워서 매시간 집중했는데 학기가 끝난 이후 죄송하게도 담당 교수님 성함은 기억나지 않지만 '칼 로저스'의 이름만은 또렷하게 각인되었다. 그만큼 현대 임상연구사례에서 칼 로저스의 입지는 모든 상담가의 큰 나무처럼 굳건한 영향을 미치고 있었다.

인간중심 심리학의 창시자인 로저스는 과거의 경험이 인간의 이후 삶에 내내 반영된다고 주장했던 프로이트의 결정론적인 정신분석 이론과 인간을 일련의 자극에 단순히 반응하는 존재로 설명하는 행동주의 이론들을 비판하고 새로운 관점의 상담 이론을 제안했다. 로저스는 현재 우리의 결정에 영향을 미치는 것은 과거 자체의 경험이 아니라 과거에 대한 현재의 해석에 있다고 주장하며 늘 '지금 여기의 나'를 중요시했다. 나 자신이 지금 지각하는 현재는 내가 일일이 반영하지 않은 무의식적 판단도 포함하기에 나는 객관적 사실의 틀로 사건을 받아들이는 것이 아니라 나에게 지극히 익숙한 나다운 틀로 그 사건에 반응한다. 그래서 동일한 사건이라도 사람들의 반응은 다 다르게 나타나는 것이다.

인간을 바라보는 로저스의 관점은 매슬로의 인본주의적 입장과 결을 같이하지만, 그가 특히 강조한 것은 모든 인간이 자신의 성격에서 전체적 통합을 이룰 수 있으며 자기실현을 통해 자신을 충족시키고자 노력하는 것이 인간의 본능적 특성이라는 주장이다. 그래서 로저스는 인간은 늘 자신의 목표를 추구하며 자신의 가능성Potentiality을 현실로 실현해낼 수 있는 존재라고 생각했다. 그는 더 가치 있는 삶을 추구하는 과정에서 스스로의 자발적 능력을 강조했으며 상담 현장에서 비지시적인 치료를 통해서도 인간은 충분히 이상적인 상태에 이를 수 있다고 생각했다. 이런 생각하에 그는 상담 현장에서 '무조건적인 긍정'의 태도로 내담자를 지지하는 입장을 실천했으며 내담자와의 공감적 관계 형성을 최우선 목표로 삼았다.

언제나 어떤 상황에서나 인간중심적인 태도를 강조했던 로저스는 제2차 세계대전 이후 전쟁에서 외상을 입은 수많은 군인들에게 신체적 치료를 넘어 심리적 안정이 필요하다고 보고 상담을 통해 도움을 주고자 했다. 신체적 부상 이외에 심리적 건강에 신경을 쓰는 사람이 없었던 당시에 로저스는 전쟁터에서 생사를 경험한 군인들의 정서적 외상을 돌보고 삶에 대한 긍정적 안정을 도모하고자 애썼다. 이렇게 제2차 세계대전 후 미국을 중심으로 엔카운터 집단심리요법*을 확산시킨 헌신적 노력으로 그는 이후 노벨 평화상에 지명되기도 했다.

로저스가 처음부터 심리학에 관심을 두었던 것은 아니다. 그의 관심사는 생명이 싹트고 자라나는 농업이었다. 그가 바라본 생장의 섭리가 경이롭게 느껴졌던 것일까? 그는 종교에도 관심을 가지게 되었고 점차 역사와 신학으로 연구의 범위를 '사람'으로 확장해나가게 된다. 교육학, 심리, 철학으로 꾸준히 배움을 넓혀가면서 존 듀이 John Dewey의 이론**에서 그는 '지식'의 실용적 역할을 주장하는 입장에 큰 영향을 받게 된다. 즉 지식이 그 자체로 인간의 삶에 도움이 될 수 있는 방법을 고민한 것이다. 이런 영향하에 로저스는 치료자

* 엔카운터그룹(encounter group)은 제2차 세계대전 후 미국을 중심으로 확산된 집단심리요법의 하나다. 엔카운터는 실존주의에서 말하는 '세계 내 존재'에 바탕을 두고 치료자도 하나의 인간으로서 환자들을 하나의 친구로 대한다. 실존주의의 이상하에 치료자 개개인에 따라 다양한 형식을 허용한다(간호학대사전, 1996. 3. 1., 대한간호학회).

** 존 듀이(1859~1952)는 미국의 철학자이자 교육학자로 '교육실용주의'의 입장을 확립했다. 서민의 입장에서 교육이 문자에 머무르지 않고 삶에 적용될 수 있는 실용학문이 될 수 있도록 하는 '보편적 교육학설'을 주장해 세계의 사상계에 기여했다(두산백과 내용 참고).

가 아닌 환자 중심의 '인간중심 심리학'을 주장하기에 이른다.

로저스는 처음으로 상담 현장에서 수동적 주체의 의미인 '환자'라는 호칭을 거부하고 '내담자'라는 호칭을 사용했다. '내담자'라는 표현은 상담 현장에서 '상담받는 사람'을 치료자와 동등한 위치에 놓는다는 면에서 매우 큰 의미를 지닌다. 로저스는 내담자 스스로가 약한, 누구의 개입이 필요한 상태가 아닌, 스스로를 향상된 방향으로 이끄는 주체임을 보여주었다. 그런 이유로 그는 내담자를 판단하지 않고 지시하지도 않았으며 어떤 신념을 강요하지도 않았다. 내담자의 의지로 자신을 개방하고 직시할 수 있도록 도울 뿐이었다.

또한 이런 객관적 입장이 유지되도록 하기 위한 방법으로 칼 로저스는 처음으로 상담장면을 녹음으로 기록해 보관했다. 이러한 내담자 중심의 상담 태도는 이후 상담가들의 훈련과 연구 현장에 전형적인 기여를 하게 된다. 그의 인간중심 치료의 목표는 내담자의 얘기를 듣고, 내담자의 모든 활동에 대해 지지하고 공감하는 것으로 내담자가 자신의 감정을 알아차리고 표현할 수 있도록 돕는 것이다. 로저스가 개인을 이해하는 방법은 그들의 주관적 내적 체계를 이해하는 것으로 이런 과정을 통해 선천적 잠재력을 발휘할 수 있는 조건들을 찾아내는 것이다.

우리는 보통 상대와 대화를 하다가 얘기가 통하지 않으면 '아! 이 사람은 꽉 막혔구나!' 혹은 '나랑 너무 안 맞겠구나!' 하고 거기서 멈춰버린다. 로저스는 개인이 서로 멈추어서는 지점에 있는 내적 체계는 그들만의 고유한 이유가 담긴 틀이기에 그 지점을 존중하며 대상을 바라본다. 때로는 고지식한 고집이나 불같은 분노로 보이는 그 지점 이면에는 그 사람만의 미덕인 성실함이라는 가치가 세워져 있거나 모든 사람을 향한 평등의 가치가 담겨 있을 수 있기에 로저스는 모든 사람의 호소를 언제나 따뜻한 시선으로 응원했던 것이다.

로저스는 우리가 참고 있던 감정을 있는 그대로 다 이야기할 수 있는 경험만으로도 내적 응어리를 해소하는 것 이상의 효과를 가지게 된다고 했다. 자신의 긴 이야기를 있는 그대로 공감해주는 지지 속에서 내담자는 자신의 모습을 재현하고 객관적으로 구성할 수 있게 되고 그로 인해 이전에 경험할 수 없었던 새로운 시각과 적응력을 갖게 된다는 것이다.

새삼 감사한 일은 우리 주변에 한결같은 모습으로 이야기를 잘 들어주는 사람들이 있다는 것이다. 친구, 직장동료, 이웃 등의 위치에서 늘 다른 사람들의 이야기를 있는 그대로 잘 들어주는 사람들. 어쩌면 그들 덕에 우리가 '존중'이라는 미덕을 잃지 않고 힘든 순간을 잊어왔는지도 모르겠다. 우리를 향해 따뜻한 온기를 지펴준 20세기의 위대한 심리학자 로저스의 작은 조언 하나 '곁에 있는 이의 이야기를 있는 그대로 들어주기'를 우리가 모두 실천해본다면 가장 수월하게 세상의 심리적인 문제들이 안정되지 않을까 싶다.

22일

오늘의 키워드

창조활동

창조적 활동의 치유 능력

나탈리 로저스의 매체 심리학

#나탈리_로저스 #표현예술주의_심리학 #매체_심리학

이 세상의 모든 것은 언어의 표현이다. 그리고 말하지 않는 모든 순간에도 사람들은 활동을 통해 언제나 자기 내면을 표현한다. 우리는 메이크업이나 패션을 통해 상대방이 강조하는 부분과 색조로 그만의 개성을 읽을 수 있고, 요리의 데코레이션으로 요리사의 감성을 전달받는다. 같은 노래를 듣고도 각각 다른 동작으로 우리는 자신을 고유하게 표현한다. 즉 우리가 먹고 입고 쓰고 사는 모든 것에는 자신에 대한 창조적 표현이 들어 있다. 그런 의미에서 우리는 모두 안무가, 화가, 작가, 연출가다. 시험성적을 통해 적성을 인위로 나누고 먹고살기 위한 직종을 강요당하기 이전의 우리는 모두 일차적으로 예술가로 존재했다.

우리 아파트 단지에는 아이를 유난히 예쁘게 치장해주는 엄마가 있다. 굳이 아이 엄마의 공들인 노력이 아니더라도 아이는 충분히 예뻤지만 사람들은 아이의 화려한 옷차림은 물론 독특한 머리핀이나 신발, 가방, 우산에 이르는 소품에까지 아이를 만나는 어디에서나 찬탄을 쏟아냈다. 애니메이션의 캐릭터처럼 언제나 반짝거렸던 아이는 그러나 늘 고개를 숙이고 걸어 다녔고 자신을 알아보고 인사를 건네는 사람들에게 모기만 한 목소리로 겨우겨우 대답할 정도로 내성적이었다.

아이는 우리 막내와 같은 학교의 초등 2학년이고 게다가 같은 미술학원을 다니고 있어서 종종 나는 아이의 엄마와 마주칠 때면 소소한 안부와 함께 아이의 고운 모습을 칭찬했고 반대로 아이 엄마는 아이의 소심한 성격을 걱정하며 오히려 선머슴 같은 우리 막내를 칭찬했다. 그때마다 우리 집 막내는 "아니에요. 수빈* 이가 미술학원에서는 나보다 장난도 잘 치고 더 뛰어다녀요!"라며 평상시 못 보던 아이의 다른 면모를 말해주었으나 그냥 그런 날이 있었나 보다 하

* 개인의 사생활 보호를 위해 나이와 이름은 차이가 있으며 실명이 아님을 밝혀둔다.

며 넘겨 들었다.

그러던 어느 날 미술학원에 다녀온 막내가 "오늘 수빈이가 학원에서 많이 울었어! 그래서 선생님이 안아줬어"라며 학원에서 있었던 일을 얘기했다. 그날 미술학원 선생님은 아이들에게 잡지를 여러 권 나눠주고 책을 다 찢어도 상관없으니 마음껏 찢고 오려내서 붙이고 싶은 대로 스케치북에 붙여보라고 했는데, 수빈이는 잠시 잡지를 넘겨보다가 화장품 광고페이지들을 찢어 메이크업으로 강조된 큰 눈들을 하나씩 오려내기 시작했다고 한다. 그렇게 활동시간 내내 눈이 나온 사진만 찾아 오리던 수빈이를 보고 옆 친구들이 수십 개의 눈매들로 수북이 채워진 책상을 가리키며 "무섭다! 징그럽다!"고 놀려댔지만 수빈이는 친구들이 놀리건 말건 계속 눈을 오려내는 데 열중했다는 것이다.

학원 선생님이 다른 아이들이 다 작업을 마칠 때까지도 가위질을 계속하는 수빈이의 어깨를 다독거리며 "이제 그만! 이 눈들을 스케치북에 꾸며서 작품의 제목을 적어보자"고 하자 수빈이는 어쩐 일인지 눈을 스케치북에 다 붙이고도 제목을 적지 못하고 망설였다고 한다. 다른 친구들이 한 명씩 돌아가며 작품을 소개하는 순서가 모두 지나 수빈이를 바라보자 수빈이는 겨우 '이제 내 옷 좀 그만 봐'라고 상단에 제목을 적고는 그대로 엎드려서 울었다고 한다.

얘기를 들은 나는 그간 어린 마음에 꽉 차 있었을 무거운 감정과 함께 참지 못한 눈물을 쏟아내고는 어쩔 줄 몰랐을 아이의 마음이 전달되서 마음이 무거웠다. 한편으로는 미술 선생님이 아이의 뿜어져 나온 격한 감정을 당황하지 않고 잘 담았을까 염려가 되어 "선생님은? 선생님은 수빈이가 많이 울어서 놀라지 않으셨어?" 하고 물어봤다. 그러자 막내는 "선생님도 같이 울었어! 그래서 애들도 같이 울었어. 나도 좀 울었어!"라고 말하고는 화장실이 급하다고 천진하게 화장실로 뛰어 들어갔다. 아이와 친분이 있는 이웃들은 물론 전혀 모르는 타인들조차 수빈이가 나타나면 여기저기서 힐긋힐긋 훑어보는 시선들을 나 또한 여러 번 보아왔기에 그 일회적인 시선들을 고스란히 감내하느라 그간 얼마나 힘들었을까 생각하니 너무 안쓰럽고 미안했다. 그리고 수빈이가 그나마 그동안 자신을 표현하고 내보일 수 있었던 미술학원이라는 공간이 있어서 정말 다행이라고 생각했다.

살아있는 생명체들 중 인간이 고등한 존재라고 말할 수 있다면 그 기준은 무엇일까? 내가 즐겨 보는 동물 테마의 TV 프로그램을 보다 보면 "와 사람보다 낫다!"라는 감탄이 절로 나오는 장면들이 종종 있다. 세상을 떠난 주인을 빈집에서 기다리며 다른 도움의 손길을 마다하는 바둑이, 부상당했다는 이유로 제 주인에게 버림받고 목에 올무가 채워져 먹지도 못한 채 앙상하게 뼈만 남은 상황에서도 제 자식에게 젖을 물리는 사냥개, 길잃은 고양이 새끼를 날개 밑에 알처럼 품어서 키워준 닭, 같이 떠돌던 동료가 길에서 사고를 당해 죽자 그 길가를 떠나지 못하는 까마귀 등 각박한 세상을 탓하며 흉흉한 범죄를 합리화하는 인간의 뉴스기사와 비교하면 동물들의 사연은 참 경이롭다.

그런 순수한 동물들의 충직한 태도에도 불구하고 인간에게서 더 높은 차원의 특성을 찾는다면 '자기 자신의 정체성'이라는 자아에 대한 의식이 아닐까 생각한다. 아주 작은 어린아이조차도 '너'가 아닌 자신의 이름으로 불리길 원하며 거꾸로 신을지언정 꼭 자기가 신발을 신겠다는 의지를 고집하며 스스로의 능력을 실현하고자 한다. 자기 자신을 부정당하지 않고자 표현하는 것은 모든 인간의 본능이다. 앞에서 살펴본 칼 로저스의 인간중심 심리치료가 이러한 인간의 본성에 기반한 것이다. 모든 인간을 각각의 고유한 존재로서 존중하기에 그들의 어떤 활동도 지지하고 공감하는 것이다. 참고 있었던 감정을 있는 그대로 다 이야기할 수 있는 경험은 내적 응어리를 해소하는 것 이상의 효과를 보여준다는 것을 로저스는 그의 임상을 통해 체험했다.

그런데 말이라는 형식에 자유롭지 못한 사람이 의외로 많다. 4, 5세의 아동학대 피해자나 자폐 상태의 사람들, 지적 능력이 저하된 사람들에게서 언어를 통한 카타르시스는 기대하기 어려운 일이다. 바로 이런 이유로 언어 외의 다른 언어, 언어보다 더 솔직한 언어로서 표현활동에 주목한 이가 바로 나탈리 로저스Natalie Rogers(1930~)다.

이름에서 짐작할 수 있겠지만 나탈리 로저스는 칼 로저스의 장녀다. 아버지 칼 로저스의 인간중심 치료를 현장에서 보고 자란 나탈리 로저스는 "개인의 성장은 안전하고 지지적인 환경에서 일어난다"는 아버지의 사상적 토대를 이어서 따뜻하고 공감적인 치료환경 안에서 매체를 통해 내담자의 마음을 표현할 수 있는 표현예술 치료를 개척했다. 표현예술은 '춤동작, 그림 그리기, 글쓰기, 연주하기, 사진 찍기, 연기하기' 등 다양한 수단을 통해 우리의 정서적·직관적인 면을 표현하는 것을 말한다. 나탈리 로저스는 모든 인간은 근원적으로 창조적 능력이 있다는 신념으로 표현을 통한 창조 과정 안에서 자신의 내면을 객관화하도록 하고 이를 치유 과정으로 연결했다.

예술활동을 상담 치료에 응용할 때는 개인의 예술적 소질이나 기술적 능숙함은 중요하지 않다. 무엇을 표현하든 한껏 마음대로 표현하고 해소하는 데 그 목적이 있기 때문에 있는 그대로의 표현이 중요할 뿐이다. 표현의 수단이 되는 다양한 활동들은 말하지 않은 부분에 대한 직관적인 단서를 주기 때문에 내담자는 자신도 몰랐던 자신의 내면을 확인할 수 있고, 스스로 선택할 수 있는 활동 자체에서 내적 억압을 해소하고 상처의 회복을 경험할 수 있다. 언어가 서로 다른 사람들과 있는 상황에서도 매체를 활용한 표현활동은 그 공간에 있는 사람들의 의미를 이해할 수 있게 한다.

나탈리 로저스는 이렇게 활동을 통해 자신의 자아를 이해할 수 있게 된 내담자는 궁극적으로 타인을 받아들이고 인정할 수 있는 힘을 가지게 된다고 말한다. 우리 막내의 학원 친구 수빈이가 미술 학원에서는 장난꾸러기로 지낼 수 있었던 것이나 솔직하게 감정을 발산할 수 있었던 이유는 그림을 그리고 칠하고 오리고 붙이고 찢는 각각의 활동 속에서 '눈에 띄는 옷차림'이 아닌 수빈이 자신의 개성을 스스로 확인할 수 있었기 때문일 것이다. 어쩌면 수빈이가 원했던 것은 엄마가 꾸며준 예쁜 모습으로 보이는 것이 아니라 스스로 표현한 것을 보여주고 싶었는지도 모르겠다. 자신이 걸친 소품에만 와르르 쏟아지던 시선이 부담이다 못해 무서운 흉기처럼 느껴졌을 수 있다는 것을 수빈이가 유독 '매서운 눈들'로 표현하기 전에는 누구도 몰랐던 것처럼 표현되는 것은 말보다 더 솔직하고 직관적으로 전달된다.

나탈리 로저스의 표현예술 치료는 현대 심리상담 현장의 특성으로 자리 잡았다. 상담은 이전 시대의 딱딱하고 의식적인 장면에서 벗어나 남녀노소를 막론한 개인은 물론 집단 형태에 이르기까지 우리 모두의 삶 속 한 장면이 되고 있다. 우리 안의 창조적 활동은 우리를 스스로 치유할 수 있다는 나탈리 로저스의 신념은 그 가치를 인정받아 현재 우리 삶 속에서 다양한 심리치료의 모습으로 실천되고 있다. 다음 장부터는 현재 주목받는 다양한 심리치료의 장르에 대해 살펴보기로 하자.

23일

오늘의 키워드

미술

만질 수 있는 세상 모든 것이 재료가 되는 치료 영역

미술치료

#프로이트 #안나_프로이트 #나움버그 #울만 #미술 #점토

어떤 일로 인해 관계에 회의를 느껴 '손절'했던 친구에게서 소포가 왔다. 우리 집에 수험생이 있으니 입시 철에 생각나서 보냈겠구나 하고 그다지 반갑지 않은 마음으로 박스를 열었다. 안에는 갖가지 견과류가 한껏 토핑된 찹쌀파이가 한 조각씩 먹기 좋게 포장되어 있었다. 겉은 유난히 바삭하고 안은 쫀득한 찹쌀파이는 예전부터 베이킹 솜씨가 좋던 그 친구의 시그니처 종목이었다. '찹쌀떡을 대신해 찹쌀파이를 보냈구나' 하고 박스를 다시 덮으려던 순간 나는 깜짝 놀랐다. 파이마다 동봉된 냅킨에 "고생했어 ○○야"라고 수험생인 아이 이름이 아닌 내 이름이 적혀 있었다. 기분이 착잡해졌다. 잘 구워진 파이 안에서 수십 번을 치받치고 속이 바싹바싹 말랐을 친구의 마음이 고스란히 보였기 때문이다.

다양한 재료나 도구를 활용해 마음을 표현하는 미술치료는 우리 일상에 가장 보편적으로 자리 잡은 매체치료일 것이다. 미술치료라는 이름에서 '그림을 그리는 것인가?'라고 생각하기 쉽지만 그림을 그리는 기본적 활동 외에도 이 세상의 모든 재료는 미술치료활동의 도구가 될 수 있다. 미술치료는 점토 반죽 주무르기, 나무 조각 쌓기, 자르고 붙이기, 끼얹고 꾸미기 등 모든 조형활동을 통해 개인의 내적 갈등을 조정하고 자기표현과 승화 과정을 통해 자아성장을 촉진시키는 상담 기법이다.

내담자의 자발적 조형활동은 개인의 내적 세계와 외부의 세계를 서로 연결해 내적 긴장을 외부로 투사할 수 있으며, 무엇보다 상담가와 내담자 간의 의식적 질의응답을 통해 라포르rapport를 형성하던 기존의 상담방식과 달리 비언어적 활동으로 내담자의 심상을 이해하고 친밀한 소통을 형성할 수 있다. 또한 여러 다양한 그림 가운데 마음이 가는 한 장의 이미지를 고르는 '타로카드'* 처럼 미술치료는

* 상담 현장에서 타로는 점술의 용도가 아니라 심상을 투사하는 도구로 흔하게 사용된다. 상담가의 판단에 따라, 100가지 타로카드의 종류에 따라 내담자의 눈높이에 맞춰 활용한다.

자신이 직접 창조적 활동을 할 만한 에너지가 없는 상황에서도 시각 이미지를 통해 현재의 자기 내면을 투영할 수 있으며 작품 안에서 객관적인 자신을 확인할 수 있도록 돕는다.

미술은 이미 오랫동안 인간의 심리를 표현하는 예술로 자리해왔다. 고대 유적인 동굴 벽화를 통해 우리는 미술활동이 문자 이전 시대부터 인류에게 유효한 의사소통이었음을 알 수 있는데 오래된 미술 작품들이 가치를 따질 수 없는 진귀한 유산으로 평가받는 것은 바로 그 안에 시대상이 고스란히 투영되어 있기 때문이다. 바로 그렇게 작품 안에 심상이 투영된다는 점이 오늘날 미술활동이 치료에 활용되는 이유다. 정신분석의 선구자인 프로이트는 현실의 삶에서 무의식적으로 억압된 것이 우리 꿈에 이미지로 나타난다고 말하며 꿈의 이미지를 언어로 표현해내는 것을 분석치료의 한 방법으로 삼았다. 프로이트의 자녀로 그의 뒤를 이은 안나 프로이트 역시 환자들의 치료에서 그들이 그리거나 선택한 그림을 분석했는데, 이는 이미 심리치료에서 이미지의 표현이 중요한 단서로 응용되고 있었음을 시사한다.

미술이 치료의 본격적 재료로 연구되기 시작된 것은 나라마다 조금씩 차이가 있으나 자료에 의하면 1900년대 초 유럽에서 정신질환자나 정신병리 진단의 보조도구로 사용되었다는 기록이 있으며 독일의 프린츠호른Hans Prinzhorn은 정신병원에 있는 환자 500명의 그림을 5,000점 모아 책으로 출판하며 미술 표현도 진단적 가치를 지니는 중요한 역할을 한다고 주장한 바 있다.

그러나 미술치료를 본격적인 심리치료로 연구하기 시작한 것은 1950년대 전후로 보는 것이 통상적 견해다. 마가렛 나움버그Margaret Naumburg는 임상에서의 경험을 통해 아동이 그린 미술 작품이 아동의 심적인 환경과 현실의 문제와 연관이 있을 것이라는 판단으로 그가 담당하고 있는 환자들에게 자유롭게 그림을 그리도록 하는 식으로 정신분열증 환자의 치료에 접근했다. 그는 이런 활동을 통해 치료에 성공한 경험을 발표함으로써 미술치료라는 영역을 독자적으로 발전시키는 전기를 마련했다.

나움버그 이후 1961년 〈불레틴 오브 아트 테라피Bulletin of Art therapy〉의 창간호에 실린 논문에서 울만Elinor Ulman은 '미술치료'라는 구체적인 용어를 사용했다. 울만은 미술치료는 교육, 재활, 정신치료 등 다양한 분야에 널리 사용될 수 있으며, 어떤 영역에서 활용되든 그 공통된 의미는 시각예술이라는 수단을 이용해 인격의 통합 혹은 재통합을 돕기 위한 시도라고 기술했다. 이후 상담치료의 발달과 함께 미술치료의 영역은 더 다양하고 정교한 분석기법으로 자리 잡게 된다.

미술치료에는 HTPHouse, Tree, Person(누구에게나 친숙한 이미지인 집, 나무, 사람을 그리고 이야기를 통해 개인의 내면을 투사하는 기법. 가정, 가족의 이미지나 개인의 의식의 성숙도나 남성상 여성상을 이해할 수 있다), PITRPerson in the rain(빗속에 서 있는 그림을 그리게 하여 스트레스 대처능력, 방어기제를 파악하는 기법), AFD Animal Family Drawing(동물 그림 혹은 모형을 통해 가족 구성원에 대한 심상과 특성을 파악하는 기법), KFD Kinetic Family Drawing(자신과 가족이 어떤 행동을 하고 있는지를 그려서 가족 간의 상호작용이나 역동성을 파악하는 기법) 및 풍경을 구성하는 기법, 도형으로 주변인과 자신의 관계를 이해하는 기법 등 다양하게 심상을 바라보는 공용화된 기준이 있지만 어떤 공식적 체계로 내담자를 진단하는 것이 아니라 심상을 표현하는 개인의 고유한 특성을 존중하며 각 개인의 표현 과정에 주목한다.

미술치료에서 고려할 만한 요소는 대상의 연령이나 상태에 따라 미술매체를 선택하는 것이라고 할 수 있다. 다양한 매체는 내담자의 욕구를 투영하는 데 있어 그 증상의 강도를 자극하기도 하고 감소시키기도 하기 때문이다. 예를 들어 충동이나 표현을 조절하기 힘든 성인에게 한껏 찌었고 부수고 던지는 매체를 사용하는 것은 오히려 충동적인 에너지를 부추기기 때문에 지양해야 할 것이고, 반대로 강박적 사고로 힘들어하는 내담자에게는 뾰족하고 날카로운 예리한 도구보다는 선이 굵고 부드러운 안전한 매체 사용이 적합할 것이다.

이처럼 미술치료의 매체는 어린 아동에서부터 성인, 노인은 물론 글을 모르는 사람이나 언어표현력이 제한된 사람 등 어느 누구에게나 혹은 어느 집단에서든 사용할 수 있다는 훌륭한 장점과 동시에 마음속 심상을 드러내는 것을 촉진하고 다스려주는 역할을 하기 때문에 상담가는 내담자의 상황에 맞는 미술매체를 선택하는 안목이 있어야 한다. 언어만을 매체로 하는 일반 상담에 비해 훨씬 다양하고 폭넓은 심상을 파악할 수 있는 것이 미술치료의 장점인 만큼 미술치료를 시행하는 상담가에게는 심리 전반에 대한 폭넓은 지식과 이해가 필수로 전제되어야 한다. 몇몇 이론적 기법과 해석만으로는 자칫 내담자 개인의 특성을 간과하여 편파적인 해석에 치우칠 수 있기 때문이다.

이웃집 네 살짜리 꼬마가 올해 동생을 만났다. 전에는 어린이집에 갈 때나 어린이집에서 귀가하는 길에 마주칠 때마다 해맑게 인사를 하던 씩씩한 꼬마는 동생이 태어난 이후 울보가 되었다. 갓난아기가 태어난 이후 아기 울음소리보다 꼬마의 떼쓰는 울음소리가 더 자주 들려왔다. 장난기가 가득한 귀여운 표정 대신 집에서 나올 땐 어린이집에 가기 싫다고 울고 반대로 집에 들어갈 때는 집에 들어가기 싫다고 우는 모습을 볼 때마다 안타까운 마음이던 나는 갓난아기 선물 겸 꼬마 선물을 이웃에게 전달했다.

꼬마에게 선물한 것은 천사 점토라고 부르는 몰랑몰랑한 색상의 점토인데 고사리 같은 손으로 한껏 마음을 빚고 그 촉감을 통해 엄마의 따뜻한 손길을 느꼈으면 하는 바람이었다. 무엇을 만들든, 어떤 빛깔로 만들든, 어떻게 만들든 그날 꼬마가 만들어낸 작품에는 동생이 태어난 이후 서운함으로 가득했던 마음이 어느 정도 반영되어 있지 않을까. 부디 꼬마가 열심히 점토를 주무르고 자신의 세상을 만드는 재미에 푹 빠져서 다음번에는 전처럼 웃는 얼굴로 점토를 다 썼다고 말해주면 좋겠다. 엄마가 동생을 안아주건 말건 할머니가 아기를 업어주건 말건 땀이 맺히도록 열심히 알록달록한 세상을 빚었으면 좋겠다. 그래서 꼬마가 아기를 질투하던 에너지가 점토 괴물로 변하고 떼쓰고 소리 지르던 에너지가 점토 마블이 돼서 용감한 승리사를 펼치는 행복한 꿈을 꾸면 좋겠다.

24일

오늘의 키워드

연극

신체적, 정신적 문제를 스스로 투사하고 치유하기

연극치료

#인형놀이 #카타르시스 #피터_슬래드 #영국의학협회

요즘처럼 사람들의 심리적 문제를 치료하는 전문가들이 없던 옛 시대에 사람들은 어떻게 신체화된 심리적 병증들을 치유했을까? 고통스러운 사건을 마주한 집단과 개인의 트라우마들은 당시 어떻게 어루만져졌을까? 이런 질문에 대한 기록을 찾아보자면 그곳엔 흥미롭게도 현대에도 고스란히 행해지는 문화적 의식들이 있다. 바로 '극'이라는 형태의 의식이다. 극을 통해 삶을 치유하는 이 의식들은 까마득한 고대부터 이미 명확하게 그 기원이 남아 있다.

고대 그리스에서는 소포클레스(BC 496?~BC 406), 에우리피데스(BC 484?~BC 406?), 아이스킬로스(BC 525~BC 456) 등 비극 시인들이 그리스 신화나 정치적 소재를 바탕으로 서술한 비극 작품들을 왕과 청중이 극장에서 다 함께 관람하며 카타르시스를 통해 구성원들 간의 일체감을 다졌다. 당시의 비극은 단순한 공연이 아닌 집단상담과 같은 효과를 지녔던 것이다. '죽음, 슬픔'이라는 소재를 다룬 극을 통해 관객들은 당시 페르시아전쟁, 펠로폰네소스전쟁 등으로 피폐해지고 불안했을 자신들의 삶의 '에틱etic'을 환기하고 의미화한다. 그리고 극 속에서 그려내는 한 가닥 희망과 위안을 통해 자신들의 삶으로 나아간다.

고대 이집트에서는 귀족들의 병을 치료할 때 그 수단으로 음악 또는 연극을 연결해 퍼포먼스로 환자를 치유했다는 기록이 남아 있다. 이는 우리나라의 전통적인 무속적 치유법인 '굿'과도 유사한 형태였을 것이다. 그리스 극장처럼 '굿판'이라는 장소에는 온 마을 사람들이 다 나와서 관객이 된다. '극'이라는 형태에서 중요한 것은 사실 배우가 아니라 관객이다. 굿판에서도 역시 중요한 것은 무속인과 망자의 혼령이 아니라 망자의 죽음을 확인하고 망자의 삶을 증언해 주는 관객이다. 관객은 언뜻 보면 주변인으로 참석한 것 같지만 굿, 비극은 죽은 자가 아니라 바로 살아있는 관객을 위한 것이다. 공포와 불안, 죄책감 등 그들을 눌렀던 정서는 '귀신'이라는 혼령을 떠나

보내면서 씻겨 내려간다. 이렇듯 나라와 인종을 막론하고 병증에 대한 '치유'의 기원은 한결같이 비슷한 형태로 전승되었다. 코로나 시국에도 멈추지 않는 공연과 영화, 드라마 등의 열기나 무속인들이 출연하는 인기 방송들을 통해서도 극적인 요소의 심리적 유용성을 확인해볼 수 있다. 연극치료는 말 그대로 연극이라는 상황을 통해 내적 상처 및 소망을 표현하며 타인과 함께 연극에 참여함으로써 상호작용 속에서 생생하게 마음을 전달하고 확인할 수 있는 활동이다.

연극이 치료로서 특정 학문으로 등장한 것은 1930년대 이후 병원 등에서의 치료활동에서 확인할 수 있다. 영국에서 연극치료라는 용어가 문헌에 최초로 등장한 것은 1939년 피터 슬래드Peter Slad가 영국의학협회에서 한 강연에서였고 미국에서는 미국작업치료협회에 발표된 논문에서 연극치료라는 말을 사용한 것이 가장 오래된 기록이라 할 수 있으나, 굳이 문헌적 기록이 아니라도 실생활에서 우리는 언제나 극적인 매체를 통한 이입과 투사효과를 경험하고 있다.

오래전 실습활동에서 연극을 치료라는 측면에서 체험했을 때 나는 연극치료만의 압도적 영향력을 더 구체적으로 확인할 수 있었다. 다른 매체치료보다 연극치료는 감정의 표현이 훨씬 직접적이다. 억울한 상황, 좌절한 상황, 두려운 상황을 그림이나 도구 같은 대체물로 투사하는 것이 아니라 극중 표현 자체로 곧바로 고스란히 감정이 표출된다. 내가 치료법의 실기로 처음 경험한 상황은 다 함께 매달린 밧줄이 끊어지면서 한 명을 살려야 하는 경우였는데, 나는 급작스럽게 주어진 상황에서 나보다 어린 참여자에게 삶을 양보하며 밧줄을 놓고 떨어지기로 결심한 순간 삶을 이제 끝내야 한다는 것에 얼마나 가슴이 찢어지는 슬픔을 느꼈는지 20여 년이 지난 지금도 그때의 느낌이 생생하게 남아 있다. 그날의 경험에서 나는 스스로 생각하고 있던 것보다 훨씬 강한 생의 의지를 확인했고 내가 삶에 대해 이전에 시니컬하게 말했던 것에 대해 부끄러움을 느꼈다.

이렇듯 감정의 에너지를 즉각적으로 분출하는 연극치료의 특성 때문에 연극치료에서는 특히 더 치료자의 역할에 전문성이 요구된다. 아직은 마주하기 힘든 내면의 트라우마를 직면할 수도 있는 상황에서 그 시점과 방법을 적절하게 조절할 안목이 없는 전문적 수련이 부족한 치료자에게 섣불리 강렬한 감정을 꺼내는 것은 위험할 수도 있기 때문이다. 앞에 얘기한 미술치료에서도 상담가나 내담자에게 미술적 소양이 우선하지 않듯이 연극치료 역시 상담가에게는 연기적 소양이 우선이 아니라 다른 상담 영역보다 심리에 대한 전문적 지식이 더 중요하게 고려되어야 한다고 생각한다. 이런 부분을 유의할 수만 있다면 연극치료의 강력한 심리적 표현 효과는 단연 많은 장점을 입증할 만하다.

연극치료에서 매체는 자기 자신이다. 다른 도구를 활용하지 않고도 자신을 표현할 수 있으며 또한 언어적 구술로 상황을 표현하기 어려운 대상들에게도 자신의 상황을 표현할 수 있는 한 방법이다. 또한 무의식적으로 내면에 숨겨둔 갈등 상황에 대한 감정을 진술하게 확인할 수 있다는 면에서 스스로 회피해온 감정의 본질을 이해하는 기회가 된다. 이러한 자신에 대한 객관적 이해는 다른 사람의 권고가 아닌 자기 스스로 이전 삶의 태도에서의 문제를 깨닫게 하고 긍정적인 전환을 마련하게 한다. 확실히 나 역시 짧은 순간이었지만 생에 대한 강렬한 의지를 확인한 이후의 태도는 이전보다 많이 적극적으로 전환되었다.

또한 연극치료는 동적인 활동으로 신체적인 카타르시스를 경험하게 한다. 어떤 문제로 인해 위축되고 긴장한 신체를 적극적으로 움직임으로써 활력 있는 분위기를 형성할 수 있기에 침체된 에너지가 발산된다. 실제 연극치료 현장에서는 위축되어 있던 아이들이 크게 소리 내고 박수 치는 활동만으로도 금방 얼굴빛이 환하게 달라지는 모습을 볼 수 있는데 이는 신체활동이 스트레스의 표출과 즉각적인 연관이 있음을 확인시켜주는 장면이기도 하다.

이에 더해 연극치료의 큰 장점 중 하나는 현실에서 갈등을 빚는 대상 외에 현실에 소환 불가능한 대상까지도 현장에 소환해 마음의 화해를 돕는다는 것이다. 우리 마음에는 미처 애도되지 못한 대상으로 인한 괴로움이 있을 수 있다. 초기의 정신분석학이 초기 이론에 머무르지 않고 마음에 대한 해석방을 지속적으로 확장하고 발달시켜온 이유는 인간의 삶을 유년기에서 비롯된 결손의 결과로 해석한 구조적 한계를 벗고자 했기 때문일 것이다. 현재의 삶이 어린 시기에 끔찍한 고통을 각인시킨 아버지 혹은 어머니에게서 기인한 결과라거나 어느 특정 시기에 마주한 트라우마적 사건의 결과라고 한다면 우리가 고통에서 벗어나기 위한 조건은 너무 제한적일 수밖에 없다.

그 시기에 겪은 상처를 확인하고 상처를 준 장본인에게 사과받고 치유받는 것, 이런 회복이 가능한 경우가 얼마나 될까? 대개 자신의 상처가 어디서부터 기인한 것인지 기억도 나지 않는 그 시기를 소환하는 것부터가 난제이고(불행히도 그런 상담 현장의 경험을 갖는 것조차 여전히 일반적이지 않을뿐더러), 기억을 소환한다 해도 당시의 상대방이 그 상황을 기억하지 못하거나 부인하거나 현존하지 않는 경우도 다반사다. 나 역시도 괴로운 기억을 어렵게 꺼냈다가 상대방이 언제 그랬느냐며 도리어 정색을 해서 회복은커녕 더 울화가 치민 경험이 있다.

바로 이럴 때 연극치료는 연극이라는 상황 안에서 극 중 대상에게 내면의 묻어둔 감정을 표현하고 그 대상과의 대화를 통해 상처를 회복하고, 내가 생각하지 못한 상대의 입장을 이해해볼 수 있는 기회가 된다. 마음 밖으로 절대 내보내지 못할 것 같은 뾰족한 응어리는 극 중에서 어느새 넓어진 이해의 틈을 타고 나와 대상과 사건을 새롭게 바라볼 안목을 갖게 해준다. 우리가 결말을 아는 뻔한 고전을 굳이 연극이나 뮤지컬로 보는 이유도 마찬가지다. 역할의 생생한 표현을 통해 상황을 이해하는 것은 극이 끝나고 난 이후에도 감정적 여운을 남기기 때문이다.

만약 지금 이 글을 읽는 독자 중에 과거나 어제 혹은 오늘의 어떤 일로 괴로워하고 있다면 그리고 그 일이 계속 자기를 힘들게 할 것 같은 두려움이 든다면 곰돌이나 베개를 늘어놓고 극 중 주인공이 되거나 모노드라마의 주인공이 되어 극적인 체험을 해보길 바란다. 이러한 생소한 시도가 끝나고 난 이후 이전과 달라진 자신의 내면을 확인할 수 있다면 연극치료의 카타르시스를 경험한 것이다.

25일

오늘의 키워드

문학

자신과 세상을 폭넓게 이해하려면

문학치료

#니체 #문학작품 #글쓰기 #읽기 #낭송하기

40이 넘어서야 겨우 꺼내 읽게 된 니체의 《차라투스트라는 이렇게 말했다》는 지난 시간을 참회하게 하는 계기가 되고 있다. '이전에는 대체 뭘 하고 살다가 이제야 보고 있나!' 하면서 나는 요즘 새삼 니체의 시적인 표현에 빠져 있는데 모든 문장마다 생각 보따리를 얹어놓은 듯한 니체의 문장을 읽다 보면 생生의 속성을 파고들어 뜨겁게 삶을 환기시키는 니체의 영원회귀 사상에 경이로운 에너지를 느끼다가도 어느 순간에는 니체 특유의 치열한 의식에 매몰되어 나의 어제와 그제의 시간이 참 속절없이 여겨져 마음이 가라앉기도 한다.

이렇듯 문학작품을 읽을 때면 한 작품 내에서 다양한 감정을 경험하기도 하고, 같은 작품을 읽으면서도 저마다의 내면에 떠오르는 심상들은 제각각 다르다. 그렇기에 하나의 글을 읽어도 이후 그 글에 대한 느낌도 해석도 모두 다를 것이다. 이렇게 자신의 사고와 느낌을 자유롭게 글로 표현하는 과정에서 내적 심상을 확인하고 그것을 표현하면서 자신과 세상을 폭넓게 이해하는 것, 이런 활동을 '문학치료'라고 부른다.

우리나라는 문학치료의 역사가 길지 않지만 미국의 경우 200여 년 전부터 의사들에 의해 문학치료가 정신치료의 보조수단으로 활용돼왔다. 우리나라는 현재 대학에서 서서히 전문적 학과 교육이 시행되고 있으며 전공자들이 배출되어 현장의 영역을 넓혀가고 있는 추세다. 현재 문학치료는 임상에서 내담자들의 치료에 응용되기도 하지만 공공기관이나 문화센터 같은 일상의 영역에서도 일반인들에게 소개되고 있다.

문학치료는 크게 '읽기'와 '쓰기' 행위로 이뤄지는데 독서 후 그 감상을 나누고 재해석해보는 활동이나 글을 쓰며 내면을 성찰하는 활동들이다. 우리나라에서는 읽기에 비중을 두는 영역이 독서치료로 자리 잡고 있으며 '문학치료'는 대개 글쓰기를 핵심으로 한다. 일기를 써본 사람이라면 '나만의 글'이 주는 해방감을 공감할 것이다. 다른 사람을 의식하지 않지만 글에는 자신의 의식이 고스란히 담긴다. 일기는 너무나 내밀한 자신의 분신이기에 예전 일기장에는 상징적으로 열쇠가 채워져 있기도 했다. 지난 일기장을 한 장 한 장 들춰보다 차마 더 읽지 못하고 덮어버리는 이유 역시 글 안에서 이전의 상황이 고스란히 체험되기 때문이다. 글 속에는 개인이 지향하는 내적 가치와 함께 성향이 드러난다. 그로 인해 개인은 글을 통해 자신의 감정을 객관화할 수 있다. 이 점이 글쓰기가 임상에서 활용되는 지점이다. 자신도 몰랐던 내면의 감정이 글을 통해 확인되고 재정리되는 것이다.

문학치료에서 구체적으로 활용되는 기법들은 시 쓰기, 제목 붙여보기, 글의 순서 정하기, 글의 결말 이어보기, 내용 바꿔보기 등이다. 이런 활동을 통해 자신이 유독 집중하는 부분을 객관적으로 확인할 수 있고, 자신이 늘 간과하는 부분이나 자신의 내면의 신념들을 재해석하거나 긍정적인 방향으로 사고를 전환할 수도 있다. 문학치료가 글을 매체로 한다고 해서 꼭 읽고 써야만 하는 것은 아니다. 사진, 그림, 이야기 듣기, 소감 나누기 등을 통해서도 글을 읽고 쓰기가 버거운 계층들도 누구나 문학치료에 참여할 수 있다. 예를 들어 글쓰기가 버거운 아동의 경우 그림을 그리고 직접 그림책을 만들어보는 활동이나 글을 여러 명이 이어서 쓰는 방법, 주제를 정하고 롤링페이퍼를 작성하는 활동 등으로 집중력, 이타심, 소속감 등의 가치를 높일 수 있다.

굳이 테라피 목적이 아니라도 자신의 의식을 확인하는 방법으로 글쓰기는 충분히 추천할 만한 활동이다. 흔히 문자나 카카오톡 등에서의 대화를 '글을 쓴다'고 생각하기 쉬운데 단문으로 표현되는 구어적인 글에는 말투가 배게 마련이지만 글로 표현되는 문장에는 그 사람의 사고양식이 투영된다. 처음 글을 쓸 때 내가 나에 대해 확인한 것은 '의외로 산만하고 비논리적'이라는 것이어서 한동안 그런 뒤늦은 비애로 괴로워했었다. 일기나 대상을 가정한 편지글을 써보고 읽어본다면 자신의 서술을 통해 느껴지는 바가 분명히 있을 것이다. 최근 글쓰기와 관련한 뇌의 기능 연구나 치매 환자 등의 예방 차원에 대한 연구가 활발한데, 여기서도 쓰는 경험이 즉각적인 말하기와 달리 수정과 보완을 요하며 더 신중한 사고에 이르도록 하는 것에 주목한다.*

무엇보다 문학치료는 우리의 내적 트라우마나 상처에 대해 다양한 해석을 열어준다. 아직도 기억나는 초등학교 5학년 때의 일이 있다. 하루는 담임선생님이 각자 알고 있는 동화나 소설의 뒷부분을 창작해 오라는 숙제를 내줬다. 단, 원본의 결말을 바꾸는 건 안 되고 이야기가 끝난 이후만 이어서 써오라고 당부했다. 그 숙제에는

---

* 여의도성모병원 재활의학과 원선재 교수는 "치매 환자가 꾸준히 글쓰기를 실천하면 대뇌 전체가 활성화돼 인지기능이 향상된다"고 말했다. 이는 치매뿐 아니라 뇌졸중 등 각종 뇌 관련 질환자에게도 마찬가지다.

한 달 내내 청소 및 우유당번 면제라는 엄청난 포상이 걸려 있었기에 반 아이들 모두 그 주간 내내 열성적인 작가의 길에 들어서게 되었다.

나는 그 무렵 동화전집에서 읽었던 6·25사변 당시 농촌 소년과 송아지의 순수한 사랑을 주제로 한 '송아지'라는 작품의 결말을 이어가기로 정했다. 스토리는 대략 이렇다. 송아지가 외양간에서 힘들게 태어난 순간부터 순하고 예쁜 눈망울에 반해 어린 소년은 송아지를 친동생처럼 끌어안고 함께 놀며 보살핀다. 코뚜레를 뚫던 날도 송아지가 불쌍해서 쩔쩔매며 함께 울던 소년은 6·25사변으로 인해 애지중지하는 송아지를 집에 묶어두고 가족을 따라 피난을 가게 된다. 소년은 송아지가 좋아하는 콩깍지를 마지막 여물에 넣고 끓여주고는 울면서 가족을 따라 차마 떨어지지 않는 발걸음을 뗀다. 송아지에 대한 걱정과 보고 싶은 마음에 눈물범벅이 된 소년이 언 강물에 들어섰을 때 뒤쪽에서 웅성거리는 소리가 들려온다. 뒤를 돌아보니 몸부림쳐서 줄을 풀고 외양간을 빠져나온 송아지가 피난 행렬 속 소년을 향해 달려오고 있었다. 그렇게 소년과 송아지는 언 강물 위에서 다시 만난다. 하지만 그 순간 얼음이 깨지면서 소년과 송아지는 서로를 끌어안고 차가운 강물 속에 빠지고 만다. 소설은 이렇게 끝이 났다.

당연히 나는 결말에 이어지는 창작을 통해 송아지와 소년을 건강하게 살려냈다. 얼음물에 옷이 다 젖어 동사하기 일보 직전인 소년을 살리려고 소년의 가족은 다시 집으로 돌아가기로 했고 마을 사람이 모두 떠나버린 빈 동네에서 집집마다 남겨놓은 양식으로 잘 지내게 했다. 그 사이 세력을 회복한 국군이 소년이 사는 동네를 지키게 되는데 소년이 없는 틈에 국군이 잡아먹으려고 끌고 간 송아지를 악착같이 찾아서 동굴에 숨겨두는 과정에서 소년은 적의 은신처를 찾게 되고, 그 일로 상을 받아 송아지에게 콩깍지가 아닌 콩을 잔뜩 사줬다는 유치한 결말이긴 했지만, 아직도 내 마음속에 송아지와 소년은 잘 살고 있다.

그날 우리 학급 친구들은 발표 속에서 참 많은 생명을 구했다. 마녀의 약을 훔쳐 와서 인어공주도 살리고, 황순원의 소설 《소나기》의 소녀도 냉동인간으로 만들어 과학의 힘으로 살렸다. 《은혜 갚은 까치》에 나오는 까치도 죽은 줄 알았는데 알고 보니 부상만 입고 쓰러진 상태라 다시 잘 치료해서 천수를 누리게 했다. 반 전체가 노벨 의학상이나 노벨 평화상을 받아도 될 만큼 다양한 주인공의 생명을 살린 경험은 그날 반 전체를 행복하게 했으며, 적어도 그날의 기억을 간직하고 있는 친구들은 슬프고 부정적인 상황 앞에서 새로운 가능성을 열어보려고 할 것 같다.

이것이 바로 문학치료의 가치다. 만약 당시 담임선생님이 우리에게 다른 과제를 내주었다면 반 전체가 그렇게 열심히 할 수 있었을까? 나는 아니라고 생각한다. 문학치료의 효용은 다른 어떤 매체보다 긴장 없이 상호작용할 수 있다는 것이다. 눈앞의 글을 읽고 쓰는 데 무슨 긴장이 필요하겠는가.

노래나 악기연주는 연주 중간에 틀리면 음이 이탈되고 미술은 다시 칠해야 하지만 글은 얼마든지 다른 가능성을 열고 계속 이어갈 수 있다. 문학치료에서 상담가의 전문성은 대상을 고려한 작품을 선정하고 읽고 표현하는 과정을 잘 이끌어주는 역할에 있다. 상담가가 내담자가 주로 표현하는 감정과 반응을 객관적으로 인지하고 열린 입장에서 글쓰기로 다양한 해석의 시각을 마련해서 상상 속에서 다양한 결과들을 경험해보도록 안내한다면, 문학치료는 작품을 통해 인생의 목표를 환기하고 당면한 고통을 극복할 수 있는 치료의 대안으로 훌륭하게 기능할 수 있다.

26일

오늘의 키워드

철학

문제의 해결은 그 문제의 본질을 바로잡는 것에 있다

철학치료

#아헨바흐 #철학상담 #김선희_교수 #상호수평적 #자아정체성

지인 중에 자영업을 하는 분을 오후에 잠시 만났다. 코로나 시국에 어언 2년이라는 기간을 견뎌온 자영업자의 한숨이 오늘따라 더욱 마음에 진하게 전해졌다. 가게마다 집집마다 증폭되는 감염 통계에 모두 두려워하는 그야말로 불안한 시국이다.

코로나19 같은 원인불명의 급작스러운 재난 상황에서는 감염의 불안도 불안이지만 '사적 모임 제한'과 '거리두기 강화'에 따른 활동 제한으로 환경적 스트레스에 의한 우울감과 무기력도 도처에서 확인된다. 코로나가 아니더라도 언제부터인가 우리 삶을 잠식하고 있는 불안과 우울, 공황장애 등의 병명으로 진단되는 마음의 고통에 대해 최근 철학의 전통 사조에서 치료의 가능성을 찾는 '철학치료'라는 장르가 꾸준히 그 입지를 확장해가고 있다.

철학이 심리학과 정신분석학 등 여타의 학문과 구분되는 가장 큰 특징은 가장 논리적인 학문이라는 것이다. 철학은 늘 궁극적으로 당면한 명제에 대해 명확한 개념적 정의와 그에 따른 정확한 논리적 사유를 추구함으로써 사태의 본질에 다가가는 학문이고 그 명제는 존재를 기반으로 해왔다. 철학치료는 이 철학의 학적 특성을 기반으로 우리에게 심리적 위협이 되는 정서를 개념적으로 명료화함으로써 실체 없는 심리적 고통을 명확한 개념으로 인지하게 하고 현존재의 고통을 환기해 새로운 의지로 안내하는 것이다.

철학을 상담 현장에서 '철학상담'이라는 구체적인 장르로 차별을 선언한 것은 유구한 역사적 맥락을 자랑하는 철학에 비해 그 역사가 매우 짧다. 철학상담의 창시자라고 할 수 있는 독일의 철학자 아헨바흐Gerd B. Achenbach가 1980년대 초 처음으로 철학 실천이라는 용어를 이론철학과 대비시키면서 태동시킨 철학상담은 40년의 시간이 경과하면서 다른 나라의 상담 현장으로 전파되었고 문화 풍토와 습속 그리고 각각 다른 철학적 전통의 차이들에 의해 다양한 형태로 전개되었다.

아헨바흐 스스로가 철학 실천의 방법론은 방법을 넘어서über die Methode 있다고 밝히고 있는데 바로 이것이 암묵적으로 철학상담 영역에서 널리 수용되는 특성으로 간주된다. 즉 철학상담은 기존의 보편적 상담 방식을 고수하지 않으므로 철학적 기반하에 정형화되지 않은 자유로운 여러 철학들의 방법론들을 수용한다. 2018년 이화여대의 김선희 교수가 독일의 쾰른 근처 아헨바흐의 자택을 방문해 좌담을 나눈 기록 가운데 "언제 내담자와 상담을 종료해야 하느냐?"는 질문에 대해 아헨바흐는 종료 시점을 미리 상정할 수도 없으며 설령 중단되었다고 하더라도 언제든 대화는 속계될 수 있다고 답했는데, 이 말에서 철학상담이 지향하는 자유로운 형식에 대해 짐작할 수 있다.

철학치료가 시간이나 상담 회기 등 정형화된 상담의 틀을 선호하지 않는 것은 내담자를 정확히 치료 대상으로 여기지 않고 개인의 내면 세계를 그대로 인정하고 받아들이기 때문이다. 철학상담의 창시자 아헨바흐의 전통을 이어 철학상담은 내담자를 주체로 상정하고 내담자가 스스로 창조적으로 자기를 해석할 수 있도록 돕는다. 이런 의미에서 내담자와 상담가는 동반자 관계로 정의된다.

그런 측면에서 한국 철학상담의 중심에 있는 김선희 교수는 철학상담은 응용윤리가 아니라고 주장한다. 김 교수는 내담자를 인과율적 설명구조 안에 놓지 않기 때문에 철학을 상담의 형식으로 만들어주는 본질은 철학적 대화의 수행이라고 밝히고 있다. 즉 1) 자유 공간에서 말하고 듣기를 통해 2) 문제 상황에 대한 질문들을 가질 수 있고 3) 자아정체성 안에서 문제를 조망해서 4) 자신만의 철학을 세울 수 있다면, 이 네 가지 철학상담의 방법을 통해 내담자는 자신의 길을 찾아가게 되며 상담가는 그 과정을 안내할 뿐이다.

여기까지만 보면 형식의 자율성이 더 부각되는 것 외에 철학상담의 지향과 인본주의적 상담의 차이가 잘 구별되지 않을 수도 있다. 그런데 철학상담을 경험해본 사람이라면 상담 안에서 대화의 특성을 느낄 수 있을 것이다. 철학상담은 그 과정에서 여타의 상담 장르보다 더 상호수평적인 특성을 갖는다. 개인의 내부에 갇혀 있는 독백적 사고는 상담가의 의도로 암시나 지시를 통해 외부로 표현되는 것이 아니라 상호주관적인 교환으로 개방된다. 이 경우 내담자의 자율성과 자기 존중이 침해되지 않는 방식으로 철학상담은 진행된다. 그렇기 때문에 철학상담의 상담가는 대화를 수평적으로 수행할 만한 인격적 준비가 되어 있어야 한다.

철학상담의 또 다른 특성은 현실의 고통스러운 문제 자체 이전에 반드시 '자아정체성에 기초한 철학상담'이 요청된다는 것이다. 철학적 대화의 특성상 철학상담가는 찾아오는 내담자가 누구며 어떤 존재인지, 그가 무엇을 원하고 믿고 추구하는지 묻는 것에서 출발할 수밖에 없다. 즉 철학상담은 자아정체성을 탐색하는 것이 기반되어야만 한다. 만약 '우울'이라는 문제 상황에 놓여 힘들어하는 내담자가 있다면 그 문제 상황에 대해 "나는 누구이며 어떤 존재인가?"라는 물음을 시작으로 자신의 문제에 접근하는 것이다.

자아정체성 탐구는 자신을 이루는 신념과 욕구를 인지하고 다양한 욕구들 사이에 갈등하는 지점을 찾아내고 자신이 모르는, 혹은 간과하고 있는 맹목적인 면들을 검토하는 것이다. 이런 과정들은 내담자의 주어진 문제를 한층 근원적인 방식으로 바라보는 계기가 되며, 그 문제를 자신의 방식으로 다루거나 이해할 수 있도록 해준다.

본질적인 것은 언제나 그 자체로 힘을 가진다. 읽은 지 20년이 지난 베르나르 베르베르의 《개미》를 지금까지 기억하는 이유는 그 안에서 작가가 삶의 문제에 대한 본질에 관해 이야기하고 있기 때문이다. 《개미 3》(내가 읽을 당시에는 3권이었는데 지금은 총 5권으로 구성되어 있다)에는 자신들의 터전을 함부로 파괴하는 인간에 대항해 전쟁을 결의한 개미군단 중 유일하게 생존한 병정개미 103호가 인간을 향해 "그대들은 암을 물리치고 싶은가? 암을 물리치고 싶다면 암과 대화하라!"라고 말하는 인상적인 부분이 있다. 워낙 오래전에 읽은 책이라 인용 문구가 정확하지 않을 수 있지만 그 내용은 지금까지 내 마음속에 큰 의미로 각인되어 있다. 나는 철학치료의 본질이 바로 그런 것이라고 생각한다. 상담을 통해 어떤 증상에서 벗어나거나 개선되기를 희망한다면 대화를 통해 자신을 어렵게 하는 그 본질의 기원에 이르러야 한다는 것이 바로 철학치료의 의의일 것이다.《개미》의 여왕개미가 그러했듯이 우리가 자신만의 울타리에서 걸어 나와 나의 문제의 본질을 누군가와 함께 나눌 수 있다면 우리는 이미 치료를 시작한 것이다.

옛날에 우리 왕조에 굼굼니라는 여왕이 있었는데, 그 여왕은 마음의 병에 걸린 채 산란실에서 괴로워하고 있었다. 그 여왕은 세 가지 문제 때문에 속을 끓이면서 생각에 골몰하고 있었다. 그 세 가지 문제란 이런 것이었다. 삶에서 가장 중요한 순간은 언제일까? 살아가면서 이루어야 할 가장 중요한 일은 무엇일까? 행복의 비결은 무엇일까? 여왕은 자기 자매들, 백성들과 그 문제를 가지고 토론했다. 풍부한 정신을 가졌다는 연방의 모든 개미들과 이야기를 나누어보았지만 만족할 만한 해답이 없었다. 개미들은 여왕이 병이 났으며 여왕이 골몰해 있는 문제들은 결코 겨레의 생존에 중요한 문제가 아니라고 말했다. 아무도 자기 마음을 알아주지 않자 여왕은 점점 쇠약해졌다. 온 겨레가 근심하기 시작했다. 유일한 산란자인 여왕을 잃는다면 큰일이었다. 그래서 온 도시의 개미들이 처음으로 진지하게 그 추상적인 문제들을 곰곰이 생각하게 되었다. 가장 중요한 순간은? 가장 중요한 일은? 행복의 비결은? 행복의 비결은 전투가 끝난

다음에 발견되었는데, 그것은 살아서 땅 위를 걷는다는 것이다. 아주 단순한 것들이다. "현재의 순간을 즐기는 것. 지금 자기 앞에 있는 일에 몰두하는 것. 땅 위를 걷는 것." 그것이 굼굼니 여왕이 남긴 삶의 위대한 세 가지 비결이다.

_베르나르 베르베르《개미 2》중에서

27일

오늘의 키워드

음악

모든 사람에게 열려 있는 공평한 선물

음악치료

#추억 #노르도프 #로빈스 #로버트_자토레

여러분은 음악 하면 무엇이 떠오르는가? 음표, 좋아하는 멜로디, 노래 제목, 피아노나 바이올린의 연주 모습 등 우리가 음악에 대해 가지고 있는 이미지는 대개 소리와 연관된다. 나 역시 누군가에게 위와 같은 질문을 받았다면 아마 풋풋한 10대의 소피 마르소가 시끄러운 파티장에서 이어폰으로 감미로운 주제가 〈Reality〉를 들으며 남자친구와 둘만의 교감 속에 사랑을 느끼는 영화 〈라붐〉의 유명한 한 장면이 떠오르지 않았을까 싶다. 음악에 대해 내가 가지고 있는 이미지는 소통 혹은 교감이었으니 말이다.

그런데 2017년 재개봉된 헬렌 켈러와 설리번 선생님의 전기에 바탕을 둔 영화 〈블랙〉은 음악에 대해 가지고 있었던 나의 관념을 더 신선한 충격으로 확장시켰다. 영화 〈블랙〉은 우리가 그간 서사로만 이해한 헬렌 켈러의 삶을 각색한 작품으로, 인도 소녀인 주인공이 자신처럼 시각 장애가 있는 선생님을 만나 시·청각 장애를 딛고 당당히 대학을 졸업해내는, 상상조차도 힘든 치열한 수학 과정을 주옥같은 대사와 세세한 상황설정으로 담아냈다. 원래 2005년에 개봉됐으나 나는 2017년 재개봉 때 아무런 사전지식 없이 관람하게 되었는데 이 장엄한 스토리에서 가장 인상적인 부분이 바로 시각, 청각능력이 없는 주인공이 연회장 안에서 요정같이 가벼운 몸짓으로 누구보다 흥겹게 수화로 노래를 하고 음악에 맞춰 폴짝폴짝 춤을 추는 장면이었다. 영화 속에서 주인공 소녀 미셸은 가수의 입술 근육을 만져서 가사를 읽어내고 진동으로 리듬을 타며 피날레까지 멋지게 춤을 추며 파티에 참석한 그 어떤 사람보다 즐거움을 만끽한다. '아! 음악을 저렇게 즐길 수도 있구나!' 하는 생각은 이후 음악에 대한 이미지를 '어떤 방식으로건, 누구에게건 공평하게 즐거움을 주는 열려 있는 선물상자'로 떠올리게 한다.

바깥에서의 일, 그리고 집안에서의 가사家事, 다양한 주변 관계들로 바쁜 일상에서 가장 편안한 나의 쉼터는 차 안이다. 언제라도 따뜻하게 혹은 시원하게도 할 수 있는 나만의 안락한 공간에서 편안하게 음악을 듣는 순간에는 바깥 세상의 일들을 얼마든지 가라앉히고 행복한 감상에 젖을 수 있다. 세상에 음악만큼 모든 사람을 향해 열려 있는 공평한 선물은 없는 것 같다. 지금은 블루투스와 이어폰이라는 매체를 통해 어디서든 공간을 음악감상실로 바꿀 수 있으니 우리는 마음만 먹으면 긴장을 풀고 즐거움을 느낄 수 있는 음악테라피를 누릴 수 있다.

그렇다고 해서 음악치료가 듣기에 치중된 것만은 아니다. 다양한 소재를 두드리고 튕겨보고 흔들며 소리를 창조하는 것, 악기를 만들어내는 것, 리듬을 만들고 멜로디를 작곡하는 것, 소리를 집중해서 구별하는 것, 그리고 이 모든 과정에 여럿이 함께 참여하는 것 등이 모든 것이 음악치료의 방법이기에 음악치료는 그 자체로 의사소통의 역할을 할 수도 있다.

최근 실생활에서 더욱 확산되고 있는 음악치료는 이러한 음악의 특성에 중점을 둔다. 따라서 음악을 치료의 매체로 사용하는 것은 말 그대로 세상과 나의 소통을 음악에서 모색하는 것이다. 음악치료는 음악치료 상황에서 의사소통으로 연결되기 때문에 내담자에게는 어쩌면 가장 편안한 치료법일 것이다. 대부분의 치료법과 마찬가지로 음악치료의 목표는 내담자의 신체적, 감정적, 인지적 건강을 회복시키고 향상시키는 것이다. 뿐만 아니라 스스로의 의지를 표현하기 힘든 심각한 정신증의 상태나 자폐, 치매 등의 상황에서도 효과를 기대할 수 있다.

음악치료는 1950년 미국 출신의 작곡가 겸 피아니스트 폴 노르도프Paul Nordoff와 영국의 특수교육 교사 클리브 로빈스Clive Robbins가 음악을 기반으로 하는 치료법을 공동 연구한 것을 그 기원으로 볼 수 있다. 그들은 담당 환자들에게 스스로 곡을 창작하게 하는 활동을 통해 환자 상태가 호전되는 것을 경험하면서 음악이 신체에 좋은 치료매체가 된다는 것을 확인했다. 더 나아가 연구를 통해 궁극적으로 음악을 듣고 연주하고 창작하는 활동이 뇌를 자극한다는 확실한 증거를 얻었다. 노르도프-로빈스는 "음악치료는 아무리 극심한 병을 앓는 사람이라도 음악에 반응한다는 믿음에서 비롯된다. 그것은 치료법으로서 음악의 독특한 특성이 의사소통을 증진시키고 변화를 지지하며 사람들이 더 지적으로 그리고 창의적으로 살 수 있게 할 수 있다는 것을 보여준다"라고 그들의 신념을 주장했다.

음악치료의 기법은 자유롭게 악기를 선택해서 사용하거나 발성을 통해 자신을 표현하는 것, 때로는 자연의 소리나 진동을 듣는 것 등 다양한 자극을 활용한다. 치료사들은 내담자들의 마음을 안정시키고 폐쇄된 감각을 자극하고 개방하기 위해 다양한 방법을 선택한다. 이런 활동 속에서 내담자들은 직접 소리와 연주를 통해 신체적 기능을 활성화시키고 스스로의 감정을 표현하기도 하고 자신의 감정 상태를 이해하게 된다. 또한 그 과정에서 정서적 자극을 활성화해 잊고 있던 과거의 기억을 이어주기도 하고 만족스러운 감정 상태를 유도한다.

최근에는 의료과학의 기술로 가시적인 범위 내에서 MRI나 FMRI를 활용해 인간의 뇌파나 체온 등 생리적 반응을 확인할 수 있게 되었다. 과학자 로버트 자토레Robert Zatorre는 연구를 통해 음악이 우리의 기억을 깨우고 지각기능을 활성화시켜서 인지능력에 구체적인 영향을 미치는 것을 사례로 보고했다.

음악은 또한 '함께'라는 가치를 도모한다. 나라와 언어와 인종이 달라도 우리를 하나의 가치로 묶어주는 음악의 영향력은 요즘 세계적 장르로 인정받고 있는 K-POP의 인기를 통해서도 쉽게 확인할 수 있다. 음악을 통해 사람들은 외부의 세계와 자신의 공간을 연결할 수 있고 소통할 수 있게 된다. 내가 좋아하는 경선 프로그램인 〈쇼미더머니〉에는 음악을 통해 외롭고 힘든 상황에서 세상 밖으로 걸어 나온 수많은 영웅들의 이야기가 있다. 고립된 나만의 고통이 음악을 통해 세상에 전달될 때 이미 그 고통은 또 다른 희망이라는 약이 된다.

우리 앞에 닥친 생각지도 못한 재난인 코로나19 바이러스가 아니더라도 언제나 우리 삶에는 예기치 못한 재앙들이 달라붙고는 한다. 어쩌면 재앙의 속성 자체가 '예기치 못한' 것이라 우리는 매번 그런 장면에서 암담해지게 마련이다. 상황을 순간에 희석하고 새로운 힘을 주는 것, 아무런 준비 없이도 당장 누릴 수 있는 아름다운 선물을 지금 마음으로 나누고 싶다. 곧 다가올 눈부신 봄을 상상하며 지금의 어려움 그리고 그 속의 우리 모습도 곧 지나가리라는 메시지와 함께!

28일

오늘의 키워드

이익

우리 주변을 배회하는 사악한 포식자

현대인을 위협하는 마음의 병증 1

소시오패스

#소시오패스 #스피노자 #프로이트 #프롬 #이익 #인색

"선생님 저는 지금도 제일 속상한 게 진짜 치료가 필요한 건 그 애인데, 정말 잘못 사는 것은 그 애인데, 왜 걔는 멀쩡하게 살고 저만 이렇게 고통당하는 것인지! 걔가 멀쩡한 것이 정말 저를 힘들게 해요."

몇 년 전 내가 출석부에 '우유'라고 적어놓을 만큼 얼굴도 말투도 행동도 순하디순해서 '순순하다'는 말을 만들어도 될 만큼 순수한 학생이 울면서 했던 말이다. 맨 앞자리에 앉아 눈만 마주쳐도 배시시 웃던 맑은 얼굴에서 표정이 점점 사라지고 몸이 마르고 생전 없던 지각이 잦아져서 얘기를 해봐야겠다 싶었다. "무슨 일 있니? 얘기 좀 할 수 있을까?" 하고 말을 걸었던 것을 시작으로 나는 한 학기 내내 거짓말로 온통 자신을 속이고 접근한 남학생과의 만남으로 힘들어하던 그 학생의 고충을 알게 되었다.

어떻게 그 우유 같은 마음으로 그간의 일들을 참아왔을까. 얘기를 처음 들었던 날 내가 '우유'에게 해준 첫말은 "정말 잘 버텼어. 진짜 힘들었을 텐데 잘 참았어. 보기보다 네가 참 견고하구나"라는 위로였다. '우유'는 이후 사투에 가까운 노력으로 꾸준히 학교에 나오며 일정 기간 학교 상담선생님에게 상담을 받았다. 다음 학기까지 한 학기를 더 후유증으로 고생했지만 '우유'는 꿋꿋하게 회복해서 우유의 건강한 영양을 증명하듯 지금 다시 이전의 순수한 표정을 찾아 편안하게 살고 있다.

사회생활로 인해 활동반경이 넓어질수록 자주 만나는 사람은 오히려 더 한정된다. 밖에서 알게 된 사람들에게는 언젠가부터 거리를 두게 되기 때문이다. 주위를 보면 늘 알아왔던 사람들에게 상처받아 고통받는 일들도 다반사인데 외적인 일로 최근 알게 된 사람들에게 무엇을 바라겠는가? 살면서 사람들에게 받는 상처에서 자유로운 사람은 없을 것이다. 저마다 서로 다른 특성을 가지고 살다 보니 말투의 다름, 습성의 다름, 입장의 다름에서 겪는 상처는 모두에게 필연적이다.

세상에는 고의적인 의도를 가지고 사람을 힘들게 하는, 악惡으로 묘사되는 사람들이 종종 있다. 사람이 사람을 이용의 수단으로 삼는 것! 우리는 그런 장면을 악이라고 부르지만 스피노자Baruch de Spinoza는 그것을 원래의 타고난 생장 특성이 어떤 가로막힘으로 발현되지 못해 변용된 것이라고 하고, 프로이트는 파괴적인 죽음 충동이 인간 내부에 있다고도 하고, 에리히 프롬은 어떤 동기에 의해 그 욕구의 방향이 왜곡된 것이라고도 한다. 무엇이 됐건 중요한 것은 그들 자신은 알고 있다는 것이다. 자기 눈앞의 인간을 자신보다 못한 존재로 기만하고 있다는 사실을! 그런 비뚤어진 자신의 모습을 알고 있기 때문에 더 철저히 속이고 더 철저하게 준비하느라 그들은 사실 행복할 수도 편할 수도 없다. 그래서 자신과 다르게 행복을 누리는 사람들의 일상을 더 짓밟고 싶은지도 모르겠다.

흔히 스릴러 영화나 범죄 사건에서 더 자주 언급되는 사이코패스psychopath(반사회적 인격장애증을 앓고 있는 사람)가 아니라 소시오패스sociopath(반사회적 인격장애의 일종으로, 범행을 인지한다는 점에서 사이코패스와 차이가 있음)를 다루려는 이유는 그들에게서 내가 느낀 특성상 대체로 사이코패스보다 소시오패스를 일상에서 마주할 확률이 높고 또 그들에 의한 피해가 훨씬 더 다수에게 미친다고 보기 때문이다.

소시오패스에 대한 일반적인 특성을 이곳에서 나열하지는 않을 것이다. 그들의 상징적인 특징만 알아두어도 실생활에 참고가 될 것이다. 그들의 키워드는 '이익'이라는 단어로 대표된다. 그리고 그 다음의 특성은 '인색'이다. 그들에게는 상대가 자신에게 이익이 되는가 아닌가가 가장 중요하다. 그래서 자기에게 이익이 될 때의 행동과 이익이 되지 않을 때의 행동의 온도 차이가 극명하다. 이익이 될 때는 그나마 최소한의 답례로 호의를 표하지만 이익이 되지 않을 때는 자신을 그동안 도와주었던 상대가 굶어 죽어도 전혀 신경 쓰지 않을 만큼 인색하고 냉정하다.

또한 당장 이익이 되지 않는 대상을 이익이 되도록 만드는 패턴도 가지고 있다. 친한 분석가 선생님은 우리 주위에 생각 이상으로 소시오패스가 흔하다며 내 주위에 유령보다 더 많이 붙어 있다고 납량특집 같은 농담을 종종 하는데, 농담만으로 치부할 수 없는 것이 나 역시 어느 정도 동의하기 때문이다.

소시오패스와의 관계에서 왜 피해자는 울고 가해자는 아무렇지 않은 것일까? 일단 소시오패스적 성격의 사람은 상대의 약한 마음을 잘 포착하기 때문에 순수하고 여린 마음, 잘 베푸는 선의를 가진 착한 사람들을 포식자의 자세로 바라본다. 그리고 대부분 너무나 자연스럽게 그들의 도움을 유도한다. 애초 순수한 성정性情을 가진 사람을 택하기 때문에 그들의 포식은 성공할 수밖에 없는데 그 방법은 바로 자신의 힘듦을 선전하는 것으로 시작된다. 그들은 포식의 대상이 된 사람에게 살가운 신뢰를 표하며 약한 모습으로 접근한다. 내밀한 개인적 고민을 털어놓거나 즉각적인 배고픔이나 누적된 피로 등을 호소하며 상대의 동정을 얻는다. 그렇게 타인의 소소한 도움을 얻는 데 익숙해지면 점차 자신의 일을 내맡기는 정도를 더해간다. 이쯤 되면 그나마 도움에 대해 표현하던 초기의 감사 형식은 줄어들고 점점 부담의 정도를 강화한다. "5,000원씩이나! 고마워"라고 하다가 "어? 5만 원도 없어? 에휴! 겨우 3만 원이야?" 하는 식이다.

그리고 그 사이에 타인을 통해 축적한 시간과 물질 등의 자원을 바탕으로 자신이 세상 속에서 이룬 업적을 과시한다. 보이는 순간에만 성실함을 연기하고 사회의 규칙에 잘 적응하지 못하는 사이코패스의 특성에 비해 소시오패스는 보이는 이미지에 엄격해서 상부 집단의 규칙과 규율에 철저히 따르는 경우가 많기 때문에 소시오패스 중에는 권력을 가진 사람들이 많다. 밖에서 보기에는 언뜻 그들이 야망을 달성하고자 독종의 길을 걷는 듯 보이기도 하기 때문에 "목표하는 지점에 다가가면 그도 사람인데 관대함을 보이지 않을까?"라거나 "원래 괜찮은 사람인데 하도 어려움을 많이 겪어서 저러는 거야"라고 인본주의적인 생각으로 감싸는 경우도 있지만, 그들의 권력은 불행히도 더 크게 사람들을 괴롭히는 도구가 될 뿐이다.

권력이 커질수록 과시욕 또한 확장되는데 그 현상으로 그들은 언제나 자신을 칭찬하는 소리를 듣기를 원한다. 보통 사람이라면 '이

정도까지 해야 하나? 늘 똑같은 칭찬이 질리지 않을까?' 하는 생각이 들겠지만 그들은 질리더라도 칭찬받기 원하고 더 크게 더 과하게 칭찬받기를 원한다. 일반적인 사람은 보통 자신의 힘듦도 약함도 과시하지 않는다. 상대에게 폐를 끼치기 싫고 자신의 일은 스스로 감당하고자 하는 것이 우리의 우선적인 태도이기 때문이다. 막상 얘기를 들어보면 우리 주위에 힘든 것이 하나도 없는 사람은 없다. 그렇다고 모두 도움을 요청하지도 않을뿐더러 주는 도움도 아무렇지 않게 받지도 않는다. 도와준다고 해도 불편해하고 어떤 식으로든 보답하고자 애쓴다.

지금 여러분 주위에 '그래도 언젠가는…' 하고 뭔가 치우친 관계에 희망을 버리지 못하는 사람이 있다면 그들의 마지막 패턴을 참고하기 바란다. 소시오패스적 성격특성자들은 자신에게 더 이상 이익이 되지 않으면 상대를 무력화시켜 가스라이팅으로 몰고 간다. 기꺼이 다른 사람의 불편을 돌보고 챙겨온 누군가의 선의는 이제 무능력하고 이상한 특성으로 전락하게 된다. 또한 상대에게 감정적인 모욕감을 주기 위해 새로운 대상을 등장시켜 비교하기도 한다. 즉 모욕감이라는 정서로 상대를 손상시키는 것이다. 그들이 지나간 자리에는 피해의 흔적과 두런거리는 소문이 남는다.

소시오패스적 성향을 가진 사람에게 상처 입은 사람들에게 개인적으로 전하고 싶은 조언은 세상에는 선의와 상관없이 어쩔 수 없는 사고가 존재한다는 것이다. 그들이 자신의 이익밖에 생각할 줄 모르게 된 동기가 나름의 환경적 결핍에서 비롯한 박탈의 두려움 때문인지, 타고난 파괴적 성향 때문인지 우리는 정확히 진단할 수 없지만 그것을 우리의 능력으로 채울 수 없음을 받아들이는 것, 그리고 타인의 종용에 굴하지 않고 스스로 자신의 존엄을 지킬 수 있음을 잊지 않는 것이다.

29일

오늘의 키워드

시선

그러니까 나만 봐!

현대인을 위협하는 마음의 병증 2

연극성 성격장애

#연극성_성격장애 #관심 #SNS #독점욕

요즘은 일상으로 만나는 20대 30대는 물론이고 방송에 나오는 50대 60대의 연예인들을 보면 다들 방부제로 코팅을 한 듯 한결같이 나이 먹는 것을 멈춘 듯 늘 활력 넘치고 예쁘고 멋져 보인다. 날마다 SNS에 도배되는 소식 역시 사건이 아니라 언제인가부터 셀럽들의 외모 어필 그 자체가 되어버렸다. 사람들이 이런 외적인 매력 어필에 열중하는 것이 어제오늘 일은 아니지만, 점점 외적인 기준으로 사람 전반이 평가되는 듯한 요즘은 그쪽에 경쟁력이 떨어지는 나에게 문득 '이렇게 살아도 되나?' 하는 막연한 불안을 느끼게도 한다.

여기서 소개할 연극성 성격장애histrionic personality disorder는 이러한 사회 분위기와 연결되는 부분이 많다. 블로그, 유튜브, 인스타그램 등의 매체를 통해 눈을 뜨는 순간부터 먹고 쉬고 놀고 잠드는, 아니 잠들어 있는 상태까지도 남에게 보여지는 소재가 되는 우리의 시선 중심 문화는 자신이 타인에게 보이는 모습에서 인정과 만족을 얻는 연극성 성격장애의 특성을 더욱 부추기고 있는 듯하다.

연극성 성격장애는 정신병으로 오해하기 쉽지만 정신질환이 아니다. '성격장애'는 이성적인 사고로 일상생활이 가능하지만 자기중심적인 행동으로 주위에 피해를 주기 때문에 주변인들이 감정적, 정신적, 물질적 피로를 겪게 된다는 점에서 《DSM-5》상 장애로 진단된다. 이들을 대표할 수 있는 키워드는 '시선, 관심'이다. 이들에게는 주위의 시선을 받는 것이 중요하기 때문에 자신의 외적인 이미지를 관리하고 꾸미는 것을 중요하게 생각한다. 이들은 유행에 민감하지만 유행을 따르는 목적은 기본적으로 자신을 과시하기 위한 것이라서 자신을 잘 드러나게 하는 고가의 명품이나 유명 브랜드에 관심이 많다.

이들은 특유의 에너지로 주위의 호감을 얻고 주목받을 만한 제스처에 익숙하다. 그러나 이렇게 몸에 밴 몸짓이나 표정은 무의식적인 것으로 이들에 대한 성격적 단서를 시사하는데, 보통 범주에서 연극성 성격장애는 어린 시절 양육자의 부족한 관심을 얻기 위해 체득된 그들 나름의 방식으로 해석된다. 이들이 트렌드를 지향하고 유명한 장소, 인지도가 높은 사람과의 친분을 과시하는 것은 그 자체가 사람들에게 관심의 대상이 될 수 있는 자원이기 때문이다.

연극성 성격장애를 보이는 사람들의 스타일이나 일상적인 특성이 모두 비슷한 것은 아니며 이들의 가치는 집단이나 타인에 의한 영향을 많이 받는다. 새로운 사람의 시선, 많은 사람의 관심을 얻는 것이 주목적이므로 자신이 어필할 수 있는 환경에서 이들은 한없이 친절하고 쾌활하지만 주목받지 못하는 상황은 이들을 침울하고 분노하게 한다.

국내에서도 흥행에 꽤 성공한 영화 〈본 슈프리머시〉, 〈본 얼티메이텀〉, 〈본 레거시〉, 〈제이슨 본〉으로 이어지는 일명 '본시리즈'의 주인공 맷 데이먼의 풋풋한 시기를 볼 수 있는 영화 〈리플리〉*에서 유래된 '리플리 증후군'은 연극성 성격장애의 일면을 잘 설명해준다. 주인공 리플리는 낮에는 호텔보이 오후에는 피아노 조율사로 일하며 고단한 생계를 유지하는 청년이다. 그는 우연한 기회에 프린스턴 대학 졸업생의 외투를 빌려 입고 명문대를 졸업한 재원인 양 연기

---

* 1955년 미국의 퍼트리샤 하이스미스의 소설 《재능 있는 리플리 씨》를 원작으로 한 스릴러 영화다. 1999년 〈리플리〉 개봉 이후 '리플리 증후군'이라는 용어가 대중화되었다.

를 해서 재벌 회장의 눈에 들게 된다. 외투 때문에 리플리를 자신의 아들과 동문이라고 믿고 있는 재벌 회장은 리플리에게 회사 승계는 나 몰라라 하고 유럽을 누비며 마냥 돈을 쓰며 놀고 있는 자신의 아들 디키를 이탈리아에서 데리고 오라는 부탁을 한다.

리플리는 자신이 만든 가짜 신분인 프린스턴 동문처럼 보여 디키에게 접근하기 위해 밤낮으로 디키의 정보를 모으고 그의 취미를 따라 하느라 재즈곡을 외우는 등 노력을 아끼지 않는다. 그 과정에서 디키가 어디서든 자유를 속박받지 않고 원하는 대로 살 수 있게 해주는 재산과 디키의 연인과 친구들 그리고 그들의 취향 등에 매료된 리플리는 진짜 자신의 본연의 모습을 부정하고 디키처럼 되고자 이전의 자신의 삶으로 돌아가지 않으려 연이은 살인까지도 서슴지 않게 된다. 자칫 인간의 속물적인 물신주의를 강조하는 듯도 여겨지는 이 영화에서 압도적인 부분은 범죄라는 사건 자체가 아니라 리플리가 디키의 삶을 따라가기 위해 거짓을 반복하는 과정에서 보이는 불안과 초조함이다. 겉으로는 여유로운 듯, 아무 일 없다는 듯, 만면 가득 웃음으로 다른 이들을 대하지만 자신의 본모습을 들키지 않으려 진땀을 흘리며 연신 눈동자를 굴리고 상대의 의중을 파악하느라 사투에 가까운 노력을 하는 리플리의 표정을 따라 관객들은 영화 내내 긴장에서 빠져나올 수 없다. 바로 영화의 이런 점에서 연극성 성격장애의 일면이 느껴진다.

내가 보이는 모습처럼 행복하기만 하다면 무슨 염려가 있겠는가! 문제는 사람들에게 보일 때의 에너지와 혼자인 '나 자신'으로 있을 때의 괴리감이 너무 커서 스스로를 부정하고자 하는 것이다. 외부에 인식되는 어떤 상태에서만 행복을 느낄 수 있기 때문에 그 모습에 고착되어 그외의 상태에서 불안하고 긴장되어 있다면 일상에서 날이 선 불안정한 마음으로 자신과 주위를 괴롭게 할 수 있다. 연극성 성격장애의 개선은 보이기 바라는 왜곡된 고착상태를 벗어나 있는 그대로의 자신을 긍정적으로 바라볼 수 있도록 돕는 것이다.

얼마 전에 학교에서 '여자 친구가 분명 자신을 싫어하는 건 아닌데 자신과 만날 때마다 계속 짜증만 내서 어떻게 해야 할지 모르겠다'고 한 학생이 고민을 호소해온 일이 있다. '이 녀석이 혼자만 마음이 있는 것인가?' 하는 마음에 여자 친구와 관계가 어떻게 시작됐는지 좀 더 물어보니 시작은 오히려 여자 친구가 학기 초부터 먼저 관심을 보여서 사귀었다고 한다. 그런데 사귄 지 4~5달쯤부터 만날 때마다 짜증 내고 싸우고 화해하기를 반복해서 싸움이 과열될 때는 급기야 이럴 거면 헤어지자고 말하는 상황까지 되었는데, 문제는 그럴 때마다 눈앞에서 여자 친구가 복통으로 쓰러지거나 갑자기 구토를 하며 주저앉거나 해서 이젠 싸우는 것이 무섭다고 했다. 여자 친구가 쇼크 반응을 보일 때면 병원에 데려가서 잘못했다고 몇 시간을 빌고 상황을 수습하느라 요즘은 심신이 지쳐서 그나마 겨우겨우

유지해오던 2건의 과외 아르바이트도 그만두고 쉬는 중이라며, 도대체 여자 친구의 진심을 모르겠고 자신도 솔직히 헤어질 결심을 굳힌 건 아니어서 어떻게 할지 힘들다고 하는데 그간의 피로감이 학생의 말 밖으로 고스란히 느껴졌다. 나는 학생에게 만난 지 4~5달쯤 되는 때 구체적으로 무슨 일이 있었냐고 물었다. 곰곰이 생각해보던 학생은 그때 한창 주변 소개로 과외 아르바이트가 몰려서 여자 친구와 데이트할 시간이 줄어들었고 이후 여자 친구가 몸이 자주 아파서 과외를 몇 번 연기하거나 취소해야 했으며 결국 아르바이트를 줄일 수밖에 없었지만 싸우는 상황은 나아지지 않았다고 했다.

안타까울 만큼 지쳐 있는 눈앞의 학생에게 나는 '좋은 만남이 무엇일까? 서로에게 건강한 관계는 어떤 모습일까?'를 물어보았다. "5년도 아니고 50년도 아니고 고작 5개월에 피를 말리는 만남이 정말 그 시기에 꼭 필요한 절실한 것인지, 절실하다면 그 절실한 이유가 무엇일까?"라는 질문으로 대화를 마쳤다. 그것은 그 학생에게만 해당하는 질문만은 아니었다. 나 스스로에게 하는 질문이기도 했다. 만날수록 지쳐가는 만남, 서로 상처주고, 때로는 열등감만 각인되는 만남들도 주위에는 있기 때문이다. 남녀관계를 떠나서 일상의 만남에서도 관계란 서로를 존중하는 태도가 기반되지 않는다면 무의미한 대면이거나 종국에는 서로를 헐뜯는 피폐한 결말로 치닫을 뿐이다. 연극성 성격장애가 일상에서 문제가 되는 것은 그러한 특성을 가진 사람들이 자신에게 가장 중요한 주변 사람들의 삶을 존중하지 않고 상대방과의 소통에서 완고하게 자기 위주의 주장으로 일관하기 때문이다. 그들에게 타인과 공존하는 공간이란 필요치 않다. 자신만이 빛나는 공간이 필요할 뿐이다. 자신과 동등하게 주목받는 대상은 자신에게 위협이 되는 적이기 때문에 나란히 다른 사람과 시선을 나누기보다는 차라리 히스테리 증상을 보이는 것으로 관심을 유도한다.

상황을 쉽게 단언할 수는 없지만 여러 가능성을 열어두고 하나의 가정을 해볼 수 있다면 앞의 고민 사연의 여자 친구는 자신 말고 다른 대상에 남자 친구의 마음이 가는 상황이 힘들었을 수도 있다. 남자 친구가 자신 외의 다른 일에 더 관심이 가는 상황이 불안하고 고통스러울 수도 있지 않았을까 생각된다. 늘 관심받고 싶고 그렇지 못할 때는 긴장 속에 있어야 하는 마음의 괴로움은 어떻게 편해질 수 있는 것일까?

구분해야 할 것은 SNS상에서 다른 사람에게 자신을 내보이는 방식의 소통을 한다고 해서 그런 사람들이 다 연극성 성격장애라는 것은 결코 아니다. 오히려 드러내고 내보이면서 시선을 받는 채널에서보다 일상에서 교묘한 방식으로 사람들의 관심을 자신에게만 쏠리도록 부정적으로 유도하는 사례이기에 이해가 필요한 것이다. 다 함께 화기애애한 분위기를 보면 불편하게 깨는 사람, 이간질이나 나쁜 소문을 퍼뜨려서 사람들의 좋은 관계를 갈라놓는 사람, 신체적 인 예민함이나 불편을 호소해서 늘 주위를 긴장시키고 관심을 끄는 사람, 타인의 행동이나 외모를 거침없이 희화화하고 흉내 내는 사람, 부풀린 허세나 거짓말로 정보를 과시하는 사람 등의 각각의 다른 모습들 안에는 "그러니까 나만 봐줘"라는 비뚤어진 독점욕이 있는 것이고, 그 욕구를 해소하는 방법에 실제와 다른 극적인 부풀림, 거짓말, 공격심이 있기에 이를 연극적이라고 하는 것이다. 그러한 독점욕이 경계의 이유인 것은 그 욕망을 표현하는 방법이 일단 부정적이라 상대의 의식과 판단을 감염시키기도 하지만 과한 연기로 삶을 통제하고 간섭하기 때문에 상대의 건강한 자원을 점점 황폐화시키기 때문이다.

그런 이유로 이들에게는 자신의 비합리적인 사고를 인정하고 꼭 타인에게 인정받고 시선을 받아야만 행복해지는 것이 아니라는 것을 받아들이는 치료가 필요하다. 이들 역시 과장된 연기나 거짓 정보로 자신에게 집중시킨 관심을 이어가기 위해 늘 긴장된 삶을 살기 때문에 내적인 피로로 고통받는다. 오랜 기간 그들 자신도 모르는 사이에 자리 잡은 성격구조를 인식하고 이들이 타인의 가치를 존중하도록 치유하기 위해서는 주위는 물론 그들 자신이 힘든 것을 깨닫는 시점에 치유가 자발적 의지로 이루어져야 한다. 늘 좋은 것을 가진 듯 보이고 싶거나 아니면 관심을 옆에 두고 싶은 그들에게 내면을 위협하는 직언은 마음을 닫게 할 수 있기 때문이다.

이들이 자신의 의지로 내면을 마주할 용기를 낸다면 사람들에게 친화력을 발휘하는 그 특유의 에너지로 상담 환경에 적극적으로 임하는 경우가 많다. 치유는 그들이 애초에 원했던 따뜻한 지지 속에서 그 자신의 내면에 이르도록 이끌어주는 과정에서 일어난다. 그러나 일상 현실에서 연극성 성격장애의 특성을 가진 자들을 알고 있다고 해서 그 곁에서 따뜻한 지지를 보내는 방식으로 상대가 진심을 이해하기를 바라는 것은 위험하다. 치유는 전문 상담가들의 영역이며 우리는 상처받기 쉬운 사람들이기 때문이다.

오늘의 키워드

충동

양극단을 오가는 사람들

현대인을 위협하는 마음의 병증 3

경계선 성격장애

#경계선_성격장애 #감정기복 #애착관계 #고흐

심리적 장애의 화두에서 '히스테리 신경증'이라는 용어는 사라져 가고 있는 진단명이다. 프로이트의 찬란한 발견인 신경증과 도착증, 강박증의 구조적 진단은 이미 진부한 진단으로 받아들여지고 있다. 《DSM-5》에서는 현대가 경계선borderline의 시대라고 말한다. 〈부권의 상실로 인한 나르시시즘의 사회〉라는 논문에서 발표자는 "경계선 인격장애가 이미 전체 인구의 10퍼센트를 넘어섰으며 그 수치는 점점 더 올라갈 것"이라고 단언하기도 했다. 즉 예전에는 히스테리면 히스테리 강박증이면 강박증 이런 식으로 한 가지 특성에 주목해 바라봤다면 현재는 어떤 한 증상으로 특성을 규정짓기에는 정상적인 업무, 대화, 관계가 가능한, 겉으로는 멀쩡해 보이는데 사실 구조적인 모든 증상이 아슬아슬하게 혼재되어 있는 '일상과 증상의 경계에 서 있는 사람들'의 시대라는 것이다. 다시 말해 타인과의 감정적 교류에 어려움을 겪거나, 일상에서 수시로 양극단의 감정을 오가거나, 세상과 단절된 고립감 속에 스스로 매몰되어 있는 상태로 현실에서 아슬아슬한 줄타기를 하고 있는 개인들이 계속 증가하고 있다는 것이다.

시대에 따라 개인들의 증상이 달라지는 상황은 이런 증상이 우리가 살아가는 이 사회환경과 결코 무관하지 않다는 것을 반증한다. 우리 시대의 증상으로 주목받는 경계선 성격장애borderline personality disorder, BPD는 쉽게 설명하자면 한 개인에게서 이중적인 극단의 증상이 반복되는 것이다. '경계에 서 있다'는 진단명이 의미하듯이 이들의 현실은 극단의 가장자리에 있다. 그런 이유로 언제나 아슬아슬한 느낌이다. 편안하게 얘기를 나누다가도 갑자기 예민해지고 싸늘해지거나 격앙되는 등, 감정의 기복이 심하고 변덕스럽다. 한 사람을 두고도 눈빛을 빛내며 칭찬을 하다가도 돌아서서는 험담을 하기도 하고 마치 입덧을 시작한 임산부처럼 자신이 열망하던 것이 막상 눈앞에 이르면 언제 그랬냐는 듯 열정이 식어서 돌아서기도 한다.

문제는 이들이 이런 극단적인 양상으로 늘 스스로 실패하는 관계를 반복하고 또 그들과 함께 생활하는 사람들에게도 피해를 전이한다는 점이다. 쫓아다니며 사랑을 고백하다가 막상 상대가 어렵게 마음을 열면 그러자마자 결별을 통보하고 소식을 끊거나, 살갑게 애정표현을 하다가 갑자기 소리를 지르고 나가버리면 그들 앞에 있는 사람들은 그 상황을 어떻게 이해할 수 있을까?

전문가들은 이들이 이처럼 양극단의 파괴적인 양상을 오가는 이유가 불안정 애착에서 기인한 대상 상실에 대한 두려움 때문이라고 해석한다. 이들은 초기 관계에서 양육자와의 연결이 희미하거나 유기되어 있다. 이로 인해 이들은 안정적인 애착형성을 어려워하고 현실에서 만성적인 공허함과 권태를 경험한다. 마음에서는 정작 애착을 원하면서도 애착관계가 형성되면 두려워하는 특성 때문에 이들은 오히려 혼자 고립된 환경에서 더 편안함을 느낀다. 연극성 성격장애나 기타 의존적 증상과 동일하게 유기에 대한 불안을 동기로 가지지만 다른 증상들이 타인의 관심과 지지를 원하는 것과 다르게 경계선 성격장애는 충동적인 분노, 열정, 무기력, 은둔을 오가며 그 욕구를 표현한다. 무엇보다도 이들의 특성은 충동적인 표현이다. 자해, 자살, 폭음, 약물남용 등 이들은 자신의 파괴적인 충동을 조절하는 데 어려움을 겪는다.

2년 전 부산에 갔을 때 빈센트 반 고흐 미디어 전시관을 방문했었다. 고흐의 작품을 미디어로 새롭게 각색해 조명과 음향을 입혀 다양하게 연출했는데 몽환적인 작품의 특성과 미디어라는 매체가 절묘하게 잘 어울려서 개인적으로는 고흐 작품을 회화로 대했던 때보다 더 감탄하며 만끽했다. 고흐의 침실을 화폭에서 꺼내놓은 듯 재현한 방을 지나니 고흐의 편지와 소품 사진들과 함께 생애연보를 정리해놓은 관람실이 나왔다. 책 몇 권 분량은 족히 될 법한 동생 테오와의 편지글에는 그 엄청난 양보다 훨씬 충격적인 고흐의 파란만장한 충동의 역사가 담겨 있었다. '고흐에게 그림이 없었다면 어떻게 됐을까?' 하는 생각이 절로 들 만큼 고흐의 생은 그 자체로 불덩어리 같은 충동의 서사로 보였다.

과부, 미성년자, 하녀 등 여러 대상과의 동거 그리고 동성애, 그 와중에 목사가 되기 위해 수련을 받고 포기하기까지 추문들이 난무하고, 그림의 영감을 위해 남의 논밭을 태우고, 정신병원에 입원하고 퇴원하고, 고갱을 만나 기뻐하고 실망하고 끝내 분노로 결별을 선언하고, 자신의 귀를 자르고, 자살로 생을 마감하기까지 충동에서 충동으로 이어지는 그의 생애는 그가 그린 강렬한 색채의 그림들과도 진하게 닮아 있는 듯했다. 눈부시게 강렬한 해의 빛깔 속에서도, 칠흑 같은 밤 속을 빛내는 별빛 속에서도 모두 한결같이 한쪽 귀를 자른 고흐 자신의 자화상 속 눈빛 같은 열정과 동시에 깊은 외로움이 느껴지기 때문이다. 마치 경계선 성격장애라는 증상을 사람으로 대표한 듯한 고초를 통해 생각해보면 그들이 택하는 열렬히 표현하고 철수하는 극단적인 방식은 그 순서가 철수하고 표현하는 것이 아니라 그 반대라는 점에서 마음이 무겁다.

왜 현대를 경계선 성격장애가 대표하는가에 대해서는 우리 사회 안에서 그 단서를 찾아야 할 것이다. 개인의 심리는 사회와 그를 형성한 관계와 떼어서 생각할 수 없기 때문이다. 사회구조는 개인의 심리에 필연적으로 영향을 미친다는 점에서 현재 우리의 현실에 주목해야 한다. 에리히 프롬은 《소유냐 존재냐》에서 인간의 이기주의적 욕망을 부추기는 자본주의 사회구조가 결국 인간성의 파멸을 초래할 것이라고 경고한다.*

이기주의는 자신의 안위만을 주장하고 타인과의 연결을 거부한다. 자신의 행복이라는 가치를 공유하는 삶에서 찾기보다는 개인의 소유에만 급급해하고 그 소유를 탐하면서 인간의 기본적 본성마저 소유를 위해 파괴하고 있다는 것이다. 그로 인해 필연적으로 발생하는 고통과 소외를 자본주의적인 가치는 어쩔 수 없는 것으로 옹호하고 용인하며 받아들이도록 한다. 최소한의 집단인 가족은 물신주의를 조장하는 사회구조하에서 이제 생명이 성장하는 데 있어 가장 필요한 초기 양육의 중요성을 방임하고 은폐하고 있는 듯하다. 이전

---

* 《소유냐 존재냐 2판》 에리히 프롬 저, 차경아 역, 까치출판, 20쪽 참고.

시대에 비해 핵가족화된 가족의 형태에서 맞벌이 보호자들의 위탁 보육과 이혼율의 가파른 지표는 경계선 성격장애가 초기 애착의 유기에 기인한다는 특성에서 볼 때 우리의 사회 현실과 무관하지 않아 보인다.

관계와 애착을 본능으로 지향하는 인간의 초기 애착이 위협당하고 있는 슬픈 현주소는 사회와 함께 그 대안을 고민해야 할 것이다. 그러나 인간이 하나의 요인에 의해 일방적으로 틀 지워지는 수동적인 존재가 아니라는 것을 우리는 앞의 내용에서 확인했다. 사람을 포함하는 모든 생명체에는 자기만의 본성이 있다. 생명체는 자기의 본성을 지키려 할 뿐 아니라 그것을 실현하려 한다. 그 실현의 방식이 왜곡된 증상이 앞으로 우리 사회에 전이되고 사회를 잠식시킬 수 있는 경계선 성격장애라면 우리는 그 치유에 대해 함께 고민해야 한다.

에리히 프롬은 그 대안으로 인간성이 사라진 사회에서 인본주의적인 사회를 구축하기 위해서는 전통적 가치(사랑, 동정, 희망)가 부활하고 사랑과 전체성이 가능한 사회가 되어야 한다고 말한다. 그는 삶을 긍정하게 하는 이러한 가치들이 생활의 동기가 되고 규범이 되어야 한다고 주장하는데, 현재 경계선 성격장애에 있어 가장 효과를 기대할 수 있는 방법 역시 꾸준한 관계를 통해 타인과의 정서적 유대감 형성을 돕는 것이다. 이들을 향한 장기적인 심리치료에서 자해와 같은 공격적 충동이 현저히 감소하는 모습을 통해 우리 마음에는 따뜻한 관계가 가장 좋은 약이라는 사실을 새삼 확인하게 된다.

심리학의 거인들이 보내는 박수갈채

글을 마치고 모처럼 잠을 푹 잔 어젯밤 나는 생생한 꿈을 꾸었다. 버튼식 전화기를 꾹꾹 눌러서 누군가에게 전화를 하는 꿈이었다. 나는 그동안 몇 번에 걸쳐 비슷한 상황의 꿈을 꾸어왔다. 꿈속에서 언제나 나는 꼭 전화를 해야만 하는 다급함을 느꼈고 전화기는 늘 내 맘 같지 않고 연결이 안 된다. 버튼의 문제, 전원의 문제 등으로 전화 연결이 되지 못한 채 꿈에서 깨어나면 그 갑갑한 잔상이 한동안 일상에 머무르곤 했다.

그런데 오늘 잠에서 깰 무렵의 꿈은 달랐다. 전화기는 여전히 버튼식이었지만 내 옆에는 전화기가 몇 대 더 있었다. 나는 첫 번째 전화기를 한 번 들어보고 불통이라는 것을 확인하고는 그 옆의 전화기로 옮겨갔고 세 번째 전화기의 버튼을 꾹꾹 눌러 결국 전화를 할 수 있었다. 통화 대상과 내용은 기억나지 않지만 꿈속 상황은 전과 달리 그리 긴급하지 않았다.

이 글을 쓰는 동안 나는 오랫동안 나를 답답하게 했던 반복된 꿈의 이유를 어느 정도 깨닫게 된 것 같다. 말하자면 앉아야 하는데 의자가 망가져 있고, 밥을 지어야 하는데 물이 안 나오는 식의 꿈들은 같은 맥락의 꿈이다. 그 꿈의 본질은 일상에서의 긴장이었던 것 같다. 그리고 나는 어제 드디어 나 자신이 스스로를 가둬놓은 긴장의 방을 열고 걸어 나온 것이다. 나는 내 주위를 염려하고 믿지 못했던 것 같다. 어쩌면 믿지 않겠다고 작정하고 있었을 수도 있다. 그러나 내 곁의 사람들은 늘 나를 믿어주고 격려하고 보듬어주었었다. 머리로는 그 사실을 알면서도 마음은 저만치 외따로 있었음을 나는 이 글을 쓰는 동안 깨달았고 여러 감정이 추슬러졌으며 이전보다 담대해진 자신을 느낄수 있었다.

본문에서 말했듯이 심리학자의 숫자는 자신들의 아픔을 오롯이 겪어내고 타인들의 고통을 위해 튼튼한 방패가 되어준 사람들의 숫자다. 심리학은 그들의 감내로 쓰였고, 그 역사는 지금 이 순간에도 계속 쓰이고 있다. 이 책을 끝까지 읽은 독자라면 이 역사가 우리에게 전하는 메시지를 기억해야 할 것이다. 우리 마음의 주인은 바로 나 자신이며 지금 내 마음을 잘 모르겠어서 혼란하다 해도 일단 내 마음의 열쇠는 자신이 소유해야 한다는 것이다. 자신에 대해 가장 잘 아는 것은 자기 자신이라는 것을 믿고 심리학을 통해 여러분 스스로를 알기 위해 노력을 기울인다면 심리학의 거인들이 여러분을 향해 보내는 갈채를 느낄 수 있을 것이다.

2022년 3월

윤주연

참고 문헌

Michelle N. Shiota, James W. Kalat 지음, 민경환 등 옮김, 《정서심리학》 2판, Cengage Learning, 2015

니콜라스 웨이드 지음, 이상훈 · 이병택 옮김, 《그림으로 만나는 심리학 세계》, 새길, 2013

최행진, 《감각 측정에 관한 베버 페히너 법칙 이야기》, 전파과학사, 2013

David C. Devonis 지음, 이규미 · 손강숙 옮김, 《심리학의 역사 101》, 시그마프레스, 2018

김태형, 《심리학을 만든 사람들》, 한울아카데미, 2016

V. Mark Durand · David H. Barlow 지음, 정경미 등 옮김, 《이상심리학》 7판, 사회평론아카데미, 2017

왕샹둥 지음, 강은역 옮김, 《심리학의 즐거움》, 베이직북스, 2010

지그문트 프로이트 지음, 서석연 옮김, 《정신분석학 입문》, 범우사, 2008

지그문트 프로이트 지음, 이환 옮김, 《꿈의 해석》, 돋을새김, 2014

정도언 지음, 《프로이트의 의자》, 지와인, 2021

칼 구스타프 융 지음, 김세영 · 정명진 옮김, 《칼 융 레드 북》, 부글북스, 2020

기시미 이치로 · 고가 후미타케 지음, 전경아 옮김, 《미움받을 용기》, 인플루엔셜, 2014

알프레드 아들러 지음, 김문성 옮김, 《아들러 심리학 입문》, 스타북스, 2014

한나 시걸 지음, 홍준기 옮김, 《클라인 정신분석 입문》, NUN, 2020

S. Mitchell · M. Blcak 지음, 이재훈 · 이해리 옮김, 《프로이트 이후》, 한국심리치료연구소, 2000

로널드 페어베언 지음, 이재훈 옮김, 《성격에 관한 정신분석학적 연구》, 한국심리치료연구소, 2003

Alexis A. Johnson 지음, 강철민 옮김, 《한 권으로 읽는 정신분석》, 학지사, 2020

이수진, 《꼭 알고 싶은 정신분석의 모든 것》, 소울메이트, 2016

조안 시밍턴 지음, 임말희 옮김, 《윌프레드 비온 입문》, NUN, 2008

에릭 에릭슨 지음, 송제훈 옮김, 《유년기와 사회》, 연암서가, 2014

에릭 에릭슨 · 조엔 에릭슨 지음, 송제훈 옮김, 교양인, 2019

김병석, 《카렌 호나이의 분석정신》, 하나의학사, 2015

카렌 호나이 지음, 정명진 옮김, 《내 성격은 내가 분석한다》, 2019

김정규, 《게슈탈트 심리치료》, 학지사, 2015
지영주 등, 《인간성장발달》, 한올출판사, 2021
로버트 치알디니 · 더글러스 켄릭 · 스티븐 뉴버그 지음, 김아영 옮김, 《사회심리학》, 웅진지식하우스, 2020
Robert Siegler 등 지음, 송길연 등 옮김, 《발달심리학》, 시그마프레스, 2019
에리히 프롬 지음, 고영복 옮김, 《악에 대하여/인생과 사랑/희망의 혁명/불복종과 자유》, 동서문화사, 2020
에리히 프롬 지음, 강주헌 옮김, 《자기를 위한 인간》, 나무생각, 2018
앨버트 엘리스, 로버트 A. 하퍼 지음, 이은희 옮김, 《마음을 변화시키는 긍정의 심리학》, 황금비늘, 2007
Joseph Yankura, Windy Dryden 지음, 이동귀 옮김, 《앨버트 엘리스》, 학지사, 2011
에릭 번 지음, 조혜정 옮김, 《심리 게임》, 교양인, 2009
문영주, 《교류분석상담의 인생각본 치료》, 아카데미아, 2015
칼 로저스 지음, 주은선 옮김, 《진정한 사람되기》, 학지사, 2009
칼 로저스 지음, 오제은 옮김, 《칼 로저스의 사람-중심 상담》, 학지사, 2007
Natalie Rogers 지음, 전태옥 · 이수진 옮김, 《집단 인간중심 표현예술》, 시그마프레스, 2016
나탈리 로저스 지음, 이정명 등 옮김, 《인간중심 표현예술치료》, 시그마프레스, 2007
임세라 · 오가영, 《미술심리치료학》, 한국학술정보, 2015
영남대학교 미술치료연구회, 《미술치료학개론》, 학지사, 2011
선원필, 《연극치료의 이해와 적용》, 박영스토리, 2019
박미리, 《발달장애와 연극치료》, 학지사, 2009
이정숙 등, 《사이코드라마의 이해와 적용》, 교문사, 2021
조은상, 《옛이야기와 문학치료》, 월인, 2015
노성숙, 《심리치료와 철학상담》, 학지사, 2021
피터 B. 라베 지음, 김수배 · 이한균 옮김, 《상담과 심리치료에서 철학의 역할》, 학이시습, 2016
이광래 등, 《마음, 철학으로 치료한다》, 지와사랑, 2011
김형찬, 《음악의 재발견》, 스코어, 2016
최병철 등, 《음악치료학》, 학지사, 2015
Johannes Th. Eschen 지음, 이정실 옮김, 《분석적 음악치료》, 하나의학사, 2006
임혁 · 채인숙, 《정신건강의 이해》 5판, 공동체, 2021
James Morrison 지음, 신민섭 등 옮김, 《쉽게 배우는 DSM-5》, 시그마프레스, 2016

EBS 30일 인문학

처음 하는 심리학 공부

초판 1쇄 발행 2022년 3월 30일
초판 2쇄 발행 2022년 8월 1일

지은이 윤주연

펴낸이 김유열
지식콘텐츠센터장 이주희 | **지식출판부장** 박혜숙
지식출판부 · 기획 장효순, 최재진 | **마케팅** 최은영 | **인쇄** 여운성
책임편집 김시경, 윌링북스 | **디자인** 김규림 | **인쇄** 우진코니티

펴낸곳 한국교육방송공사(EBS)
출판신고 2001년 1월 8일 제2017-000193호
주소 경기도 고양시 일산동구 한류월드로 281
대표전화 1588-1580 **홈페이지** www.ebs.co.kr
전자우편 ebsbooks@ebs.co.kr

ISBN 978-89-547-6386-8 04100
978-89-547-5891-8 (세트)